Gair yn Gymorth

Llawlyfr i ddarpar athrawon cyfrwng Cymraeg

Golygwyd gan Manon Wyn Siôn

PRIFYSGOL
ABERYSTWYTH

Cyhoeddwyd gan CAA, Prifysgol Aberystwyth, Plas Gogerddan, Aberystwyth, Ceredigion, SY23 3EB
(www.aber.ac.uk/caa)

Ariennir gan Lywodraeth Cymru.

Argraffiad cyntaf: Medi 2013
ISBN: 978-1-84521-541-5

Dyluniwyd gan Owain Hammonds.
Argraffwyd gan Argraffwyr Cambria Cyf, Ffordd Llanbadarn, Aberystwyth, Ceredigion SY23 3PN.

Cynnwys

Cyflwyniad

Pleser yw cyhoeddi'r llyfryn hwn *Gair yn Gymorth* ar ei newydd wedd ar gyfer hyfforddeion sy'n dilyn y Cynllun Gwella Cyfrwng Cymraeg fel rhan o'u cwrs Hyfforddiant Cychwynnol Athrawon (HCA) cyfrwng Cymraeg TAR Uwchradd. Nod y Cynllun a noddir gan Lywodraeth Cymru yw gwella ansawdd Cymraeg llafar ac ysgrifenedig darpar athrawon sy'n awyddus i addysgu drwy gyfrwng y Gymraeg mewn ysgolion uwchradd penodol Cymraeg neu ddwyieithog a thrwy hynny greu hyder yn eu gallu i gwrdd â gofynion y Gymraeg yn y sector uwchradd.

Fe gyhoeddwyd y llyfryn gyntaf yn 2001 gan Ysgol Gyfun Gymraeg Gŵyr, llyfryn yn cynnig canllaw i athrawon yn y dasg o gyfoethogi iaith ysgrifenedig a chodi safonau cyfathrebu'r disgyblion. Gyda Fframwaith Llythrennedd Llywodraeth Cymru yn weithredol o Fedi 2013 gwelwyd yr angen i baratoi adnodd ar gyfer hyfforddeion cyfrwng Cymraeg fel bod eu sgiliau ieithyddol yn y Gymraeg o ansawdd a'u bod yn llwyr ymwybodol o ofynion ieithyddol eu pynciau unigol.

Mae'r llyfryn wedi ei rannu'n unedau sy'n enghreifftio patrymau iaith ac ymadroddion i'w defnyddio a'u bwydo i'r disgyblion mewn amrywiol gyweiriau iaith. Enghreifftir iaith fynegi barn a chyflwyno gwybodaeth, iaith ddisgrifio a chymharu, iaith arholi a chofnodi ac iaith targedu a chofnodi cyrhaeddiad a chyflawniad. Nod y matiau iaith yw codi ymwybyddiaeth o hanfodion ffurfiau ysgrifennu safonol boed yn ffurfiau anllenyddol neu lenyddol gan ystyried pwrpas a chynulleidfa. Mae Uned 8 yn cynnig canllaw gramadegol yn ogystal â rhai rheolau a all fod o gymorth wrth ysgrifennu Cymraeg cywir.

Mae defnydd o iaith yn greiddiol i ddealltwriaeth a llwyddiant pob disgybl a gobeithio y bydd y llyfryn hwn yn adnodd priodol, hylaw ac ymarferol i hyfforddeion ac athrawon ar ddechrau eu gyrfa wrth iddynt atgyfnerthu ac arfogi'r disgyblion gydag adnoddau ieithyddol gan ddatblygu eu hymwybyddiaeth o hanfodion ffurfiau ysgrifenedig.

Diolchiadau

Fel Cydlynydd y Cynllun Gwella Cyfrwng Cymraeg carwn ddiolch yn gyntaf i Bennaeth Ysgol Gyfun Gŵyr, Mrs Katherine Davies am y cyfle i ailgyhoeddi'r llyfryn fel rhan o'r Cynllun Gwella Cyfrwng Cymraeg a diolch yn arbennig am fewnbwn a chefnogaeth ychwanegol yr holl Athrawon a Phennaeth Adran y Gymraeg, Mr Gareth Williams wrth fynd ati i ddiweddaru a chynnig enghreifftiau pynciol a sylwadau adeiladol.

Diolch hefyd i Meinir Jones, Ysgol Gyfun Gymraeg Bryn Tawe am baratoi deunyddiau ac am gynghorion buddiol Einir Lois Jones, Ysgol Morgan Llwyd.

Manon Wyn Siôn

Ffurfiau Anllenyddol

Mynegi Barn a Safbwynt

Dyma sgìl a ddefnyddir mewn amryw o sefyllfaoedd gwahanol ymhob pwnc ar draws y cwricwlwm, boed hynny'n sefyllfaoedd ffurfiol neu anffurfiol wrth gyfathrebu a chydweithio neu wrth werthuso a datrys problemau. Mae'n hanfodol bwysig felly fod gan y disgyblion afael gadarn ar yr adnoddau ieithyddol perthnasol a fydd yn eu galluogi i **drafod** ar lafar neu'n ysgrifenedig **gan fynegi barn a safbwyntiau gwahanol yn ogystal â pherswadio eraill**. Gellir bwydo patrymau iaith ac ymadroddion mynegi barn i'r disgyblion ymhob pwnc cyn iddynt gychwyn ar y broses o ymateb i dasg benodol er mwyn cyfoethogi eu gwaith llafar a'u hymateb ysgrifenedig.

Cyfleoedd posibl i ddefnyddio iaith barn a safbwynt ar draws y cwricwlwm

Bydd cyfle ymhob gwers i:
➤ Fynegi barn ar y ffordd orau o fynd ati i gwblhau tasg; strwythur a threfn, meddalwedd cyfrifiadurol, cyflwyniad gwaith
➤ Gwerthuso gwaith unigol a gwaith cyfoedion
➤ Trafod pynciau llosg yn y pwnc dan sylw

Cymraeg/Saesneg/Ieithoedd Tramor Modern:
➤ Ymateb yn bersonol a dadansoddi llenyddiaeth
➤ Mynegi barn gan bwyso a mesur gwahanol safbwyntiau ar bynciau llosg a chyfoes
➤ Perswadio cynulleidfa i gytuno/cefnogi
➤ Defnyddio tystiolaeth i ategu barn
➤ Gwerthuso tasg

Gwyddoniaeth:
➤ Rhagfynegi canlyniadau arbrawf/ymchwiliadau
➤ Dehongli cysyniadau gwyddonol
➤ Trafod pynciau llosg gwyddonol a thrafod dibynadwyedd canlyniadau
➤ Gwerthuso ymchwiliadau

Mathemateg:
➤ Trafod cysyniadau mathemategol
➤ Rhagfynegi canlyniadau

- ➤ Dadansoddi canlyniadau/ymateb i setiau o ddata
- ➤ Gwerthuso, addasu a chyfiawnhau cyffredinoliadau a dewisiadau

Hanes:
- ➤ Gwerthuso cynnwys a dibynadwyedd ffynonellau hanesyddol
- ➤ Trafod ac ymateb i faterion a phynciau hanesyddol
- ➤ Cloriannu tystiolaeth hanesyddol a mynegi barn a pherswadio

Addysg Grefyddol:
- ➤ Mynegi a chyfiawnhau barn gan ddefnyddio dadleuon rhesymegol
- ➤ Trafod, gwerthfawrogi, parchu ac uniaethu â safbwyntiau eraill a'u gwerthuso gan ddod i gasgliadau

Daearyddiaeth:
- ➤ Dadansoddi, dehongli a thrafod gan ddod i gasgliad ar faterion daearyddol
- ➤ Defnyddio data ystadegol a rhifyddol wrth gefnogi trafodaethau daearyddol
- ➤ Cynnig barn i ddatrys problemau, e.e. mewn gwaith maes

Drama:
- ➤ Trafod gwahanol agweddau mewn dramâu
- ➤ Trafod a gwerthuso cynyrchiadau
- ➤ Darogan datblygiad sefyllfa ddramatig

Dylunio a Thechnoleg:
- ➤ Dadansoddi a chymharu dyluniadau a gwrthrychau
- ➤ Gwerthuso'u gwaith gan addasu a chynnig gwelliannau
- ➤ Damcaniaethu a rhagfynegi canlyniad gweithgaredd
- ➤ Cytuno ar addasrwydd deunyddiau/cynhwysion yn y broses wneud a chostio deunyddiau ac eitemau gorffenedig

Cerddoriaeth:
- ➤ Trafod agweddau cerddorol
- ➤ Gwerthuso gwaith eu hunain a gwella ansawdd eu tasgau
- ➤ Trafod a chydweithio wrth baratoi cyfansoddiadau a pherfformiadau grŵp
- ➤ Dadansoddi, gwerthuso a dehongli cerddoriaeth y canrifoedd

Addysg Gorfforol:
- ➤ Arsylwi, gwerthuso a dadansoddi technegau, symudiadau a pherfformiadau a mynegi barn
- ➤ Gwerthuso gwaith cyfoedion
- ➤ Mynegi barn gan bwyso a mesur gwahanol safbwyntiau ar bynciau cyfoes yn y byd chwaraeon

Celf:

➤ Gwerthuso gwaith eu hunain a gwaith eu cyfoedion

➤ Trafod a datrys problemau sy'n gysylltiedig â chelf a dylunio

➤ Mynegi barn ar themâu ac agweddau amrywiol mewn gwaith celf

➤ Dadansoddi gwaith arlunydd

Technoleg Gwybodaeth a Chyfathrebu/Cyfrifiaduron:

➤ Mynegi barn gan bwyso a mesur gwahanol safbwyntiau ar bynciau llosg yn y byd technolegol

➤ Rhagfynegi a dadansoddi canlyniadau mewn modelau taenlen gan ddod i gasgliad

➤ Gwerthuso tasgau gwaith

Iechyd a Gofal:

➤ Trafod a chyflwyno barn unigol/grŵp am faterion yn ymwneud ag iechyd gan ddefnyddio tystiolaeth i gefnogi safbwynt

➤ Gwerthuso gwaith cyfoedion

Astudiaethau Cyfryngau:

➤ Ymateb i'r gynrychiolaeth o agwedd benodol neu ddigwyddiad yn y newyddion

➤ Trafod themâu ac ideolegau sy'n codi mewn ffilmiau/rhaglenni teledu

➤ Gwerthuso cynhyrchiad gwreiddiol

➤ Dadansoddi testunau print a delweddau symudol gan fynegi barn

➤ Mynegi a chyfiawnhau barn ar faterion llosg mewn testunau cyfryngol

Seicoleg:

➤ Datblygu dealltwriaeth feirniadol o ddamcaniaethau ac astudiaethau seicolegol

➤ Dadansoddi a dehongli canfyddiadau cyferbyniol mewn gwaith ymchwil seicolegol a phwyso a mesur gan ddod i gasgliad

➤ Trafod pynciau llosg seicolegol a gwerthfawrogi arwyddocâd materion moesegol

Busnes:

➤ Ymateb yn bersonol a dadansoddi busnes

➤ Trafod ac ymateb i faterion cyfoes a llosg economaidd

➤ Pwyso a mesur gan ddefnyddio tystiolaeth i ategu barn

➤ Trafod, gwerthuso a datrys problemau sy'n gysylltiedig â sefyllfa fusnes

Berfau

Mae angen gafael gadarn ar derfyniadau berfol wrth fynegi safbwynt a barn er mwyn cyfleu pwy yn union sy'n cyfleu'r farn honno. Defnyddir yr amser presennol yn aml, e.e. credaf, tybiaf.

Pwy ydy Pwy?
ADOLYGU'R PERSONAU

Person Cyntaf Unigol **(Fi)**	Person Cyntaf Lluosog **(Ni)**
Ail Berson Unigol **(Ti)**	Ail Berson Lluosog **(Chi)**
Trydydd Person Unigol **(Hi/Fo/Fe)**	Trydydd Person Lluosog **(Nhw/Hwy)**

Berf Amser Presennol a Dyfodol

Berfenw: Gair yn disgrifio gweithred, e.e. CREDU

Rhagenw annibynnol: Pwy sy'n gwneud y weithred, e.e. Person Cyntaf Unigol (Fi)?

Berf: Mae berf, e.e. CREDAF yn dweud:

BETH yw'r gweithgarwch, e.e. Credu

PWY sy'n ei wneud, e.e. Person Cyntaf Unigol (Fi)

PRYD y mae'r gweithgarwch y digwydd, e.e. yn awr, sef yr amser presennol

Ffurf Gwmpasog:	Ffurf Gryno:
defnyddio nifer o eiriau i ffurfio berf	berf un gair
Unigol	**Unigol**
1. Rydw i'n credu	1. Credaf i
2. Rwyt ti'n credu	2. Credi di
3. Mae ef/hi yn credu	3. Cred/Creda ef/hi
Lluosog	**Lluosog**
1. Rydym ni'n credu	1. Credwn ni
2. Rydych chi'n credu	2. Credwch chi
3. Maen nhw'n credu	3. Credant hwy/Credan nhw

Berf Amhersonol

Mae berf amhersonol yn cyfeirio at y gweithgaredd yn unig, sef berf heb berson yn perthyn iddi.

Amser presennol: Credir

Negyddol: Ni chredir

Rhai berfau perthnasol amser presennol/dyfodol ar gyfer Mynegi Barn a Safbwynt

Berfenw	Person 1^{af} Unigol	3^{ydd} Person Unigol	Person 1^{af} Lluosog	Amhersonol
Amcangyfrif	Amcangyfrif**af i**	Amcangyfrif**a ef/hi**	Amcangyfrif**wn ni**	Amcangyfrif**ir**
Amlygu	Amlygaf	Amlyga	Amlygwn	Amlygir
Arddangos	Arddangosaf	Arddangosa	Arddangoswn	Arddangosir
Awgrymu	Awgrymaf	Awgryma	Awgrymwn	Awgrymir
Braslunio	Brasluniaf	Braslunia	Brasluniwn	Braslunir
Cael	Caf	Caiff	Cawn	Ceir
Casglu	Casglaf	Casgla	Casglwn	Cesglir
Cyfaddef	Cyfaddefaf	Cyfaddefa	Cyfaddefwn	Cyfaddefir
Cyflwyno	Cyflwynaf	Cyflwyna	Cyflwynwn	Cyflwynir
Cymharu	Cymharaf	Cymhara	Cymharwn	Cymherir
Cytuno	Cytunaf	Cytuna	Cytunwn	Cytunir
Dadansoddi	Dadansoddaf	Dadansodda	Dadansoddwn	Dadansoddir
Dadlau	Dadleuaf	Dadleua	Dadleuwn	Dadleuir
Dangos	Dangosaf	Dengys	Dangoswn	Dangosir
Darlunio	Darluniaf	Darlunia	Darluniwn	Darlunir
Dweud	Dywedaf	Dywed	Dywedwn	Dywedir
Dylunio	Dyluniaf	Dylunia	Dyluniwn	Dylunir
Dysgu	Dysgaf	Dysga	Dysgwn	Dysgir
Egluro	Egluraf	Eglura	Eglurwn	Eglurir
Esbonio	Esboniaf	Esbonia	Esboniwn	Esbonnir
Galw	Galwaf	Galwa	Galwn	Gelwir
Gallu	Gallaf	Gall	Gallwn	Gellir
Gosod	Gosodaf	Gosoda	Gosodwn	Gosodir
Gweld	Gwelaf	Gwêl	Gwelwn	Gwelir
Gwybod	Gwn	Gŵyr	Gwyddom	Gwyddys
Herio	Heriaf	Heria	Heriwn	Herir
Meddwl	Meddyliaf	Meddylia	Meddyliwn	Meddylir
Mynegi	Mynegaf	Mynega	Mynegwn	Mynegir
Neidio	Neidiaf	Naid	Neidiwn	Neidir
Penderfynu	Penderfynaf	Penderfyna	Penderfynwn	Penderfynir
Rhannu	Rhannaf	Rhanna	Rhannwn	Rhennir
Rhagfynegi	Rhagfynegaf	Rhagfynega	Rhagfynegwn	Rhagfynegir
Rhagweld	Rhagwelaf	Rhagwela	Rhagwelwn	Rhagwelir
Rhedeg	Rhedaf	Rhed	Rhedwn	Rhedir
Rhyfeddu	Rhyfeddaf	Rhyfedda	Rhyfeddwn	Rhyfeddir
Sefyll	Safaf	Saif	Safwn	Sefir
Teimlo	Teimlaf	Teimla	Teimlwn	Teimlir
Toddi	Toddaf	Tawdd	Toddwn	Toddir
Trafod	Trafodaf	Trafoda	Trafodwn	Trafodir
Ymchwilio	Ymchwiliaf	Ymchwilia	Ymchwiliwn	Ymchwilir

Negyddol

Ffurf Gwmpasog:	**Ffurf Gryno:**
defnyddio nifer o eiriau i ffurfio berf	berf un gair

Unigol	**Unigol**
1. Dydw i ddim yn credu	1. Ni chredaf i
2. Dwyt ti ddim yn credu	2. Ni chredi di
3. Dydy ef/hi – Dyw ef/hi ddim yn credu	3. Ni chreda ef/hi

Lluosog	**Lluosog**
1. Dydyn ni ddim yn credu	1. Ni chredwn ni
2. Dydych chi ddim yn credu	2. Ni chredwch chi
3. Dydyn nhw ddim yn credu	3. Ni chredan nhw/Ni chredant hwy

Iaith ac Ymadroddion ar gyfer Mynegi Barn

A dweud y gwir	Anghytunaf	Beth bynnag
Byddai'n braf petai…	Byddai'n dda petai…	Credaf
Cytunaf	Dadl arall	Does dim amheuaeth fod…
Does dim dwywaith nad…	Does dim rhyfedd mai…	Dylid cofio mai…
Er hyn…	Felly…	Fodd bynnag
Gwaetha'r modd…	Gŵyr pawb…	Heb os nac oni bai
Heb unrhyw amheuaeth	Hoffwn	I gloi…
O ganlyniad, teimlaf…	Onid yw…	Mae lle i gredu…
Mae'n amlwg y bydd angen…	Mae'n amlwg fod angen…	Mae'n anhygoel fod…
Mae'n anodd credu…	Mae'n bwysig iawn nodi…	Mae'n hen bryd
Mae'n rhaid cydnabod…	Meddyliaf	Pwy all beidio â…
Pwysig yw nodi…	Pwynt arall	Rwy'n argyhoeddedig…
Rwyf o'r farn…	Rwy'n rhyfeddu	Rydw i'n meddwl
Rhaid cofio	Teimlaf	Wedi'r cyfan…
Wrth reswm…	Y gwir cas yw…	Y gwirionedd yw mai…
Yn ail	Yn anffodus…	Yn bendant
Yn bersonol…	Yn ddi-os, fe fydd…	Yn drydydd
Yn fy marn i…	Yn gyntaf	Yn ôl rhai
Yn ôl pob tebyg	Yn sicr	Yn wir
Yr hyn sy'n drist yw bod…	Yr hyn sy'n fy ngwylltio yw…	

Gwrthddadleuon a Chymharu

O gymharu'r ddau, teimlaf mai…	Rhaid chwalu'r gred/myth bod…
Ar y naill law…ar y llaw arall	Amheuais y byddai…ond nawr rwy'n gweld…
Gellir dadlau mai…ond fy marn i yw	Mae…nid yn unig…ond yn…
Mae mor glir â hoel ar bost bod…yn well na…	Os yw…
Pe byddai…yna byddai…	Os gwnewch…bydd…
Cred rhai bod…	Er mwyn sicrhau bod…bydd…
Teimla rhai fodd bynnag	Yn wahanol i…nid yw…
Gwêl rhai hi'n…	Heb…ni fydd…
Wrth reswm…	Meddyliwch o ddifri bod…
Yn y bôn mae…	Dylid ystyried…
Petai hyn yn bosib…yna byddai…	Fedra i ddim derbyn…
Rhaid gofyn y cwestiwn…	Alla i ddim peidio â meddwl…
Rwy'n amau…	Onid rhagfarn lwyr yw…
Cwestiynaf…	Onid oes hawl…
Heriaf y syniad…	Rhyfeddaf ar…
Yn ôl rhai…ond o'm safbwynt i…	Gofynnaf
Gellir dadlau bod hyn yn wir, ond credaf i…	Ni all y ddadl…fy narbwyllo
O ystyried yr holl ddadleuon…teimlaf	Celwydd noeth
Taflu llwch i'n llygaid	Rhagfarn lwyr
Tra bod…	Eto i gyd

Iaith Berswâd

Ail-ystyriwch…	Cofiwch	Cymharwch
Da chi, ystyriwch o ddifri	Dadleuaf	Dangoswch
Does bosib nad/na	Does dim dwywaith	Does dim amheuaeth
Erfyniaf arnoch	Ewch	Heb os nac onibai
Hoffwn eich perswadio	Gadewch i mi'ch darbwyllo	Gallaf eich sicrhau
Gofalwch	Gofynnaf i chi	Gwnewch
Gweithredwch	Foneddigion dewch i	Mae mor glir â hoel ar bost…
Mae'n gwbl amlwg	Mae'n hanfodol	Meddyliwch
Oes bosib bod …	Oni fyddai'n well	Peidiwch da chi ag ildio
Rhaid derbyn	Rwy'n blino ar…	Rwy'n crefu arnoch
Rwy'n dadlau	Rwy'n erfyn arnoch	Rwy'n gofyn i chi
Rwy'n ymddiried ynoch	Wrth gwrs	Ymddiriedaf ynoch
Yn bendant	Yn sicr	Ystyriwch o ddifri…

Iaith Barn a Safbwynt ar waith

Sylwch ar y berfau amrywiol, yr ymadroddion a'r cysyllteiriau yn ymwneud â rhesymeg.

Dylunio a Thechnoleg: (Gwerthusiad o Storfa Mân Bethau)

O ran edrychiad **credaf** fod lliw y storfa yn dda a **theimlaf** y bydd yn apelio at bobl o bob oedran nid yn unig pobl ifanc yn eu harddegau. **Yn fy marn i** bydd yn hawdd edrych ar ôl y cynnyrch hwn **oherwydd** na fydd angen ei ddwstio'n aml… **Mae'n amlwg** y bydd angen lleihau'r pris yn enwedig os bydd y cynnyrch yn cael ei fasgynhyrchu… **Mae'n bwysig iawn nodi** y bydd angen i bobl mewn ffatrïoedd baratoi'r pren… **a chredaf** y bydd angen i bobl gynhyrchu'r dur a'i galfaneiddio gan ddefnyddio sinc… **Yn ddi-os** fe fydd yn gynnyrch llwyddiannus.

Drama: (Trafodaeth: Pa gymeriad o'r ddrama *Dream Jobs* y byddech chi'n dewis ei chwarae?)

Pe byddwn i'n dewis chwarae rhan mewn cynhyrchiad o *Dream Jobs* byddwn i'n hoffi chwarae rhan cymeriad Joan. **Credaf** fod Joan yn ferch dawel, sensitif sy'n ystyriol o deimladau eraill. **Gellir honni ei bod yn** eithaf ansicr o'i hunan heb lawer o hyder… **Does dim dwywaith** y byddai chwarae rhan Joan yn sialens bersonol i mi. **Yn wir, teimlaf** y byddai'n her portreadu ei hochr sensitif. **Yn ddi-os, rwy'n credu** y byddai angen sgiliau actio aeddfed i'w phortreadu yn ei beichiogrwydd. **Heb amheuaeth** byddai angen mynegiant wynebol gref ac osgoi adlewyrchu ei hunan ddelwedd isel.

Daearyddiaeth: (Trafodaeth: "Pa fath o le yw Tre-gŵyr i fyw ynddo?")

Yn fy marn i mae Tre-gŵyr yn lle eithaf da i fyw am nad yw'n rhy fawr, ond **mantais yw** ei bod yn agos i ddinas Abertawe lle mae digon o siopau mawr a gwasanaethau eraill. **Does dim amheuaeth** fod y prif strydoedd yn gallu bod yn brysur iawn **ond** mae rhannau o'r pentref **ar y llaw arall** yn dawel iawn. **Fodd bynnag** mae angen gwneud rhywbeth i wella'r problemau traffig. **Gwaetha'r modd** mae llawer o siopau gwag yn y pentref – byddai'n dda eu gweld yn cael eu defnyddio. **Yn bersonol, teimlaf** y byddai'n braf hefyd gweld canolfan hamdden ac efallai pwll nofio yn y pentref.

Gwyddoniaeth: (Trafod Ymchwiliad: Beth sy'n effeithio pellter rolio car tegan?)

Credaf bydd y car tegan yn teithio'n bellach pan fydd uchder y ramp yn cynyddu. Bydd hyn yn digwydd **yn fy marn i oherwydd** wrth i'r uchder gynyddu, bydd egni potensial y car yn cynyddu. Bydd yr egni hwn yn cael ei drosglwyddo'n egni cinetig ac **felly** bydd y car tegan yn symud ymhellach. Wrth edrych ar y graff **gallaf** ddweud **heb amheuaeth** fod fy namcaniaeth yn gywir. Mae yna batrwm amlwg i'w weld **sy'n cefnogi** fy namcaniaeth wreiddiol.

Cerddoriaeth: (Gwerthuso a thrafod perfformiad cyfoedion)

Teimlaf fod y darn wedi'i ganu'n llwyddiannus heb unrhyw gamsyniad er bod y polyrhythmau **yn fy marn i** ychydig yn aneglur ar brydiau. **Does dim amheuaeth** fod rhai perfformiadau yn swnio'n broffesiynol iawn, yn ddigon cofiadwy ac effeithiol. **Gwaetha'r modd** roedd y drymio ychydig yn araf mewn ambell grŵp ac **o'r herwydd** collwyd rhediad naturiol y darn. **Yn bersonol teimlaf** fod rhaid i ambell grŵp ymarfer mwy. **Mae'n amlwg** fod gwaith Seren, Aled a Llinos yn llwyddiannus fel cyfanwaith ac **yn wir** mae yma ôl paratoi ac ymarfer. Dyma'r grid rhythmig gorau **heb os nac oni bai.**

Hanes: (Trafodaeth: Ymateb i ffynonellau ar Amodau byw yn y trefi yn ystod y Chwyldro Diwydiannol)

Mae lle i gredu fod pobl eisiau anghofio eu gofidiau a cheisio dianc o'u bywydau pob dydd trwy yfed y ddiod feddwol. **Heb unrhyw amheuaeth** roedd bywyd yn wael am fod mochyndra dynol a mochyndra o bob math yn mynd i mewn i ddŵr yfed pawb… **Wrth reswm** roedd hyn yn achosi llawer o glefydau, e.e. colera. **Mae'n sicr** bod bywyd yn well yng Nghymru a Lloegr heddiw **oherwydd** bod y dŵr yn lanach ac yn cael ei buro cyn i ni ei yfed. **Heb os nac oni bai** mae'r Gwasanaeth Iechyd Gwladol yn cadw pobl yn iach. **Pwysig yw nodi** hefyd bod yna gyfreithiau i atal pobl rhag cam-drin plant.

Technoleg Gwybodaeth: (Trafod a mynegi barn am E-Ddiogelwch)

Mae'n hanfodol bod pobl ifanc yn talu sylw a bod yn ymwybodol o'r pryderon a'r peryglon sy'n codi wrth ddefnyddio rhwydweithiau cymdeithasol, e.e. Facebook a Twitter. **Fodd bynnag,** os yw pobl ifanc yn defnyddio'r gwasanaethau yma yn y ffordd gywir maen nhw'n gallu bod yn ddulliau ardderchog o gyfathrebu. **Rhaid cydnabod** bod disgyblion yn defnyddio gwasanaethau cymdeithasol yn gyson ac felly **teimlaf** fod rhaid i ysgolion a rhieni chwarae rôl enfawr o'r cychwyn wrth addysgu'r disgyblion i fod yn gyfrifol wrth eu defnyddio.

Mathemateg: (Mae trin data yn rhoi cyfle i ddisgyblion gysylltu dulliau mathemategol gyda'r byd go iawn gan fynegi barn.)

Awgryma'r data bod gwahaniaeth ystyrlon rhwng y ddwy set …

Cynlluniais yn y ffordd ganlynol i osgoi **tuedd** wrth gasglu data …

Mae'n debygol/debygol iawn bod fy rhagdybiaeth wreiddiol yn gywir …

Rhoddwyd yr holiaduron i sampl **gynrychioliadol …**

Iechyd a Gofal: (Ymchwiliad a thrafodaeth: Ystyriwch beth yn eich barn chi sy'n cyfrannu tuag at yr ystadegau cynyddol o ordewdra yn y DU ac yng ngwledydd eraill y byd.)

Yn fy marn i mae gordewdra yn cynyddu **o ganlyniad** i fwy o hygyrchedd i fwydydd cyflym. **Mae'n debygol iawn** bod technoleg fodern yn gwaethygu'r broblem. **Awgryma'**r data bod llai o blant ifanc yn chwarae tu allan ond yn hytrach yn eistedd o flaen sgrin o ryw fath. **Credaf** y dylai rhieni chwarae rhan bwysig yn rheoli steil bywyd eu plant gan fod yn fodeli rôl da iddynt wrth osod esiampl a sicrhau eu bod yn deall goblygiadau iechyd wrth ddilyn arferion bywyd gwael.

Cymraeg: (Araith berswadiol – Beth yw dyfodol cymunedau yn y Gymru gyfoes?)

Felly, gyfeillion, mae twristiaid yn gaffaeliad mawr i economi cefn gwlad. **Meddyliwch** yr arian maent yn ei wario mewn trawstoriad eang o fusnesau gwahanol fel gwestai, gwely a brecwast, siopau, tafarndai a thai bwyta. **Ystyriwch o ddifri** y modd y gallant sicrhau bod busnesau lleol cefn gwlad yn ffynnu a phobl ifanc yn llwyddo i gael swyddi yn eu cymunedau. **Chi,** drigolion lleol, **peidiwch** â digalonni…

Astudiaethau'r Cyfryngau: (Trafodaeth: Dadansoddiad o'r gynrychiolaeth o ryw mewn ffilmiau animeiddio)

Credaf fod cymeriadau gwrywaidd *Toy Story 2* yn cyfosod efo cymeriadau cynradd Disney. Wrth edrych ar ffilm *Snow White and the Seven Dwarfs*, mae'r tywysog yn y ffilm yn ymddangos yn frenhinol ac yn fonheddig. **Gellir honni bod** Disney nawr yn hyrwyddo'r syniad bod gweithio fel tîm yn arwrol yn hytrach na cheisio ymladd ar eich pen eich hunan. **Yn ogystal ag** ystyried y rôl wrywaidd, **mae'n bwysig** edrych ar y rôl fenywaidd. Yn *Toy Story 2* mae cymeriad Jessie yn torri ar y stereoteip disgwyliedig o fenywod. **Cefnoga** hyn y newid mewn cynrychiolaeth o'r rhyw fenywaidd yn ffilmiau Disney.

Astudiaethau Crefyddol: (Gwerthuso ac ymateb i ddatganiad: Ni ellir cyfiawnhau rhyfel cyfiawn…)

Mi fyddai rhai **yn cytuno** gyda'r dyfyniad gan honni bod rhyfel yn mynd yn erbyn gwir hanfod crefydd. **Dywedir** yn y Deg Gorchymyn, 'Na ladd', felly **cred rhai** y dylid osgoi trais ar unrhyw amod. **Cefnogir** hyn gan y grefydd Hindŵaidd sy'n credu'n gryf yn nysgeidiaeth Ahisma… Mi fyddai eraill **yn anghytuno** gan honni bod rhaid mynd i ryfel weithiau. Os **cedwir** at amodau rhyfel cyfiawn… **yna gellir** ei ganiatáu… **Ar ôl ystyried** y ddau safbwynt **rwy'n anghytuno** gyda'r dyfyniad ar yr amod bod popeth arall wedi methu a does dim dewis arall.

Celf: (Trafodaeth: Astudiaeth o waith Otto Mueller)

Mae'r darlun rwyf wedi'i ddewis yn dangos dwy ferch o'r Affrig. **Yn fy marn i, dengys** y llun fywyd pobl gyffredin yng ngwledydd newynog y byd. **Ystyriaf** fod y llun yn un effeithiol a thrawiadol iawn gan i Mueller leoli'r merched yn eu hamgylchedd naturiol… **Credaf** fod Otto Mueller wedi ceisio dangos ei safbwyntiau yn y llun a'i fod yn gweld pobl anghenus gwledydd pell fel pobl ddiniwed a thrist. **Llwydda** i ddangos poen eithafol y bobl yn llygaid un o'r merched yn y llun. **Does dim dwywaith** nad yw hyn yn effeithiol iawn i ddangos ei neges! **Hoffaf** unigrwydd y darlun hwn, mae'n ddiddorol… **Yn anffodus, gwelwn** nad yw dioddefaint pobl wedi newid.

Seicoleg: (Trafodaeth: Trafodwch a gwerthuswch faterion yn ymwneud â thuedd yn y system diagnosis.)

Awgryma Shapiro (1984) bod merched yn gyffredinol yn fwy tebygol o ofyn am gymorth yn seicolegol neu'n feddygol, **tra** bod dynion yn fwy tebygol o gadw eu problemau i'w hunain. **Teimlaf** fod hyn yn esbonio'r canran uwch o ddynion sy'n dioddef o gam-drin alcohol. **Cefnoga** hyn hefyd yr ystadegau sy'n dweud mai menywod sy'n dioddef fwyaf o iselder ysbryd. **Yn ychwanegol i hyn, credaf**…

Busnes: (Ymchwiliad i weithgareddau amgylcheddol Tesco)

Credaf fod Tesco wedi ymateb yn dda i ymgyrch y Llywodraeth i amddiffyn yr amgylchedd. Cyhoeddwyd targed i fod yn garbon sero erbyn 2050. I gwrdd â'r nod yma mae wedi gosod y targedau canlynol:

- Adeiladu siopau newydd er mwyn rhyddhau hanner allyriadau carbon yr hen siopau;
- Lleihau allyriadau carbon y gadwyn gynhyrchu o 30% erbyn 2020;
- Cynorthwyo cwsmeriaid i leihau allyriadau carbon o 50% erbyn 2020.

Fodd bynnag mae ehangiad Tesco fel cwmni amlwladol wedi rhwystro ei thargedau amgylcheddol **ond mae'n rhaid cydnabod** ei hymdrechion.

Perswadio

Beth yw "perswadio"?

Perswadio'r darllenydd i gytuno; dadlau achos dros safbwynt penodol.

Cynulleidfa?

Rhywun rydych yn ceisio dylanwadu arno.

Pwrpas?

I hyrwyddo un safbwynt er mwyn dylanwadu ar beth mae pobl yn ei wneud neu'n ei feddwl.

Esiamplau?

Llyfryn am rywle lleol o ddiddordeb, taflen hybu iechyd, mynegi barn am bwnc, araith, llythyr at bapur newydd, poster, hysbysebion, erthygl olygyddol.

Strwythur?

Dechrau gyda datganiad yn nodi'r prif syniad ac yna cyfres o bwyntiau yn cefnogi'r un safbwynt; trefn rhesymegol; diweddglo sy'n ailadrodd y datganiad cychwynnol. Gellir defnyddio is-benawdau, gwahanol fathau o ffont a nodweddion gweledol eraill i greu effaith.

Sgerbwd posib i gynllunio cyn ysgrifennu

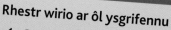

Gellir gwneud rhestr o ddadleuon ac wedyn ymhelaethu ar y dadleuon hynny.

Patrymau iaith i'w defnyddio wrth ysgrifennu

Bydd angen iaith emosiynol

Hoffwn eich perswadio...

Yn fy marn i...

Credaf...

Mae gen i sawl rheswm dros...

Mae pawb yn gwybod...

Dadl sy'n cefnogi hyn yw bod...

Mae'n hanfodol bod...

Heb flewyn ar dafod...

A dweud y gwir...

Mae'n amlwg.....

Gellir cyfarch y gynulleidfa, e.e. "Oeddech chi'n gwybod...?"

Cysyllteiriau'n ymwneud â rhesymeg yn hytrach nag amser, e.e. "oherwydd, "felly", "mae hyn yn dangos", "hynny yw"

Cred rhai... ond...

Er hynny...

Er gwaethaf...

Yn wahanol...

Ar y llaw arall...

O ganlyniad...

Felly...

Rhaid eich bod yn cytuno...

Yn y pen draw...

Rhestr wirio ar ôl ysgrifennu

✔ Oes ystyriaeth yma i natur y gynulleidfa?

✔ Ydy'r paragraff cyntaf yn esbonio pwrpas y dasg?

✔ Oes dadleuon cryf wedi'u paragraffu'n drefnus?

✔ Oes ymdrech yma i ystyried dadleuon pobl eraill? (h.y. y gwrthddadleuon)

✔ Ydy safbwynt yr awdur yn eglur ac yn dwyn perswâd?

✔ A oes digon o dystiolaeth i gefnogi'r ddadl?

✔ Ydy'r ysgrifennu yn denu sylw'r darllenydd?

✔ A oes gofal yma wrth sillafu, atalnodi a threiglo?

Trafodaeth

Beth yw "trafodaeth"?

Cyflwyno dadleuon a gwybodaeth o wahanol safbwyntiau.

Cynulleidfa?

Rhywun sydd â diddordeb mewn testun penodol.

Pwrpas?

Helpu rhywun i ddeall y testun.

Esiamplau?

Ysgrifennu am fanteision ac anfanteision unrhyw beth; traethawd am achosion rhywbeth; taflen neu erthygl sy'n edrych ar ddwy ochr y ddadl.

Strwythur?

Agor gyda datganiad a rhagflas o'r prif ddadleuon; trefn rhesymegol yn cynnwys dadleuon o blaid a thystiolaeth, a dadleuon yn erbyn a thystiolaeth. Weithiau, ceir crynodeb a chasgliad (personol o bosib), ar ôl pwyso a mesur y dadleuon a phenderfynu ar un ochr.

Patrymau iaith i'w defnyddio wrth ysgrifennu

Bydd y traethawd yn trafod...

Cred rhai pobl...

Y dystiolaeth yw...

Er enghraifft...

Er hynny,...

Er gwaethaf...

Yn wahanol...

Ar y llaw arall...

Safbwynt arall yw...

Ar ben hynny...

O ganlyniad...

Felly...

Gellir honni bod....

Rheswm arall...

Ond a yw hi'n gywir bod....?

O achos...

Fodd bynnag...

I grynhoi...

Fy safbwynt personol i yw...

Y casgliad yw....

Wrth bwyso a mesur....

I orffen...

Cysyllteiriau'n ymwneud â rhesymeg yn hytrach nag amser, e.e. "oherwydd", "felly", "mae hyn yn dangos/profi"

Sgerbwd posib i gynllunio cyn ysgrifennu

O blaid	Yn erbyn
*	*
*	*
*	*

Agor gan esbonio beth yn union rydych chi'n ei drafod. Yna trafod y dadleuon gwahanol a'r dystiolaeth. Bydd angen crynhoi ar y diwedd.

Rhestr wirio ar ôl ysgrifennu

✔ Oes ystyriaeth yma i natur y gynulleidfa?

✔ Ydy'r ysgrifennu'n drefnus?

✔ Ydy'r ysgrifennu'n cyflwyno asesiad cytbwys o'r testun dan sylw?

✔ Ydy'r dadleuon yn glir?

✔ Ydy'r casgliad yn rhesymegol?

✔ A oes gofal yma wrth sillafu, atalnodi a threiglo?

Ffurfiau Anllenyddol

Cyflwyno Gwybodaeth

Mae pob pwnc yn ymwneud â gwybodaeth. Bydd disgyblion yn casglu gwybodaeth, yn dadansoddi, yn dewis a dethol, yn trefnu, yn esbonio, yn cyfarwyddo, yn dwyn i gof ac yn adrodd yn ôl. Byddant yn defnyddio ystod o ffurfiau ysgrifenedig wrth gyflwyno gwybodaeth ac mae berfau cryno'n gaffaeliad mawr.

Cyfleoedd posib i ddefnyddio iaith cyflwyno gwybodaeth ar draws y cwricwlwm

Cymraeg/Saesneg/Ieithoedd Tramor Modern:
➤ Wrth drafod a gwerthfawrogi llenyddiaeth, e.e. dadansoddi gwybodaeth am gymeriadau a digwyddiadau
➤ Cyflwyno a chrynhoi gwybodaeth o ystod o ffynonellau ar destun penodol gan ddewis a dethol prif bwyntiau
➤ Cyflwyno gwybodaeth a phrofiadau personol
➤ Defnyddio TGCh i gyflwyno gwybodaeth a gasglwyd gan strwythuro'r ysgrifennu

Mathemateg:
➤ Cyflwyno gwybodaeth am ddulliau mathemategol a nodweddion siapiau
➤ Defnyddio TGCh i gynrychioli data a gasglwyd a'u dadansoddi
➤ Cyflwyno cyfres o gyfarwyddiadau neu esboniadau yn fanwl gywir ac yn y drefn gywir

Hanes:
➤ Cywain, crynhoi a dethol ffrwyth ymchwil i bynciau hanesyddol
➤ Cyflwyno gwybodaeth i gefnogi dehongliad hanesyddol
➤ Adrodd yn ôl digwyddiadau yn gronolegol
➤ Defnyddio TGCh i gyfleu canfyddiadau hanesyddol a defnyddio geirfa bynciol gywir

Drama:
➤ Casglu, cywain gwybodaeth ac adrodd ar agweddau dramatig
➤ Cyflwyno, adrodd ac esbonio gwybodaeth bynciol

Gwyddoniaeth:
➤ Cofnodi'n gywir a threfnus agweddau gwahanol i'r pwnc, e.e. testun, diagram, graff, tabl
➤ Adroddiad ar waith arbrofol neu ffenomen wyddonol a welwyd

➤ Cofnodi mesuriadau, patrymau a thueddiadau

➤ Defnyddio TGCh i gyflwyno a phrosesu gwybodaeth

Technoleg Gwybodaeth:

➤ Dylunio a chreu delweddau digidol amrywiol trwy ddefnyddio gwahanol ffurfiau o TGCh, e.e. fideo, gwefan, pamffled, podlediad

➤ Cyflwyno gwybodaeth i gynulleidfa gan ddewis y dechnoleg fwyaf addas ar gyfer y sefyllfa, e.e. camera fideo digidol, podlediad, fideo

➤ Casglu, cywain ac adrodd gwybodaeth ar agweddau o'r pwnc trwy ddefnyddio ffynonellau gwybodaeth, e.e. y rhyngrwyd, cylchgronau technoleg

➤ Creu, cynhyrchu a defnyddio cronfeydd data i esbonio data a dilyn llwybrau ymholi

Celf:

➤ Cyflwyno gwybodaeth am gelf, crefft a dylunio o wahanol gyfnodau

➤ Cyflwyno cyfarwyddiadau a phroses o gynhyrchu darnau o waith

➤ Sôn am hanes arlunwyr penodol sy'n berthnasol i waith ymarferol

➤ Adrodd hanes digwyddiadau sy'n effeithio arlunwyr fel Picasso a Guernica

Dylunio a Thechnoleg:

➤ Casglu, cywain a dewis a dethol gwybodaeth ar agweddau o'r pwnc, e.e. gwerth maethol bwydydd

➤ Cyflwyno gwybodaeth, e.e. am gynllun, syniad neu broses neu astudiaeth o blentyn, adborth yn sgil cyfweliad

➤ Cyflwyno cyfarwyddiadau gan esbonio'r broses o greu, e.e. dylunio, rysáit

Daearyddiaeth:

➤ Cyflwyno gwybodaeth am leoedd, amgylcheddau a phrosesau daearyddol trwy ffurf poster, adroddiad neu draethawd

➤ Defnyddio data ystadegol a rhifyddol yn gywir i lunio adroddiadau ac esboniadau daearyddol

➤ Defnyddio TGCh i gyflwyno gwybodaeth a thrin data daearyddol

Addysg Grefyddol:

➤ Cyflwyno gwybodaeth am ystod o faterion cyfoes a chrefyddol

➤ Defnyddio TGCh i greu cyflwyniadau ac asesiadau cryno

➤ Archwilio credoau, dysgeidiaethau ac arferion personol

Seicoleg

➤ Cyflwyno gwybodaeth am gysyniadau a materion allweddol hanfodol sy'n rhan o theori a methodoleg seicoleg, gan gyflwyno materion moesegol o fewn ymchwil seicolegol

➤ Defnyddio data meintiol ac ansoddol wrth lunio casgliadau ac esboniadau seicolegol

Astudiaethau'r Cyfryngau

➤ Adrodd ar destunau cyfryngol megis cylchgronau, ffilmiau a rhaglenni teledu

➤ Crynhoi gwybodaeth o ffynonellau amrywiol gan ddewis a dethol y wybodaeth bwysicaf

➤ Defnyddio TGCh i gyflwyno gwybodaeth gan strwythuro'r wybodaeth yn addas

➤ Cyflwyno gwybodaeth ar ffurf traethawd ymchwil estynedig ar gysyniad cyfryngol

Iechyd a Gofal

➤ Esbonio pa glefydau sy'n gallu deillio o ffordd o fyw unigolyn

➤ Cyflwyno gwybodaeth ynglŷn â'r gwasanaethau iechyd a gofal cymdeithasol sydd ar gael i gwrdd ag anghenion unigolion yn lleol ac yn genedlaethol

➤ Dadansoddi cyflwr iechyd unigolyn trwy adrodd ar gefndir, lefel ffitrwydd, ansawdd deiet a phrif fesuriadau corfforol unigolyn

Busnes

➤ Ymchwilio ac adrodd ar fusnesau gwahanol

➤ Cywain, crynhoi a chyflwyno gwybodaeth am faterion amrywiol byd Busnes, e.e. cyllid, cyfrifyddiaeth ac elw a cholled

Addysg Gorfforol

➤ Ymchwilio ac adrodd ar brofion ffitrwydd gwahanol

➤ Cymharu mesuriadau iechyd neu recordiau amrywiol

➤ Dadansoddi ac esbonio goblygiadau data

➤ Ymchwilio, cyflwyno cyfarwyddiadau ac esbonio rheolau a thactegau gemau amrywiol

Berfau

Unwaith eto mae rhai ffurfiau berfol a phatrymau yn hanfodol ar draws y cwricwlwm wrth gyflwyno gwybodaeth, a rhaid bod yn ymwybodol ohonynt wrth addysgu'r disgyblion ar gyfer y math hwn o ysgrifennu. Fel athrawon dylid seilio gwaith ysgrifenedig ar batrymau pendant. Patrwm naturiol y frawddeg yn y Gymraeg yw'r un lle ceir y ferf ar y dechrau.

Cyflwynir yma amser gorffennol ac amherffaith y ferf. Gweler Uned 1 ar gyfer amser presennol y ferf sydd eto'n berthnasol ar gyfer cyflwyno gwybodaeth.

Berf Amser Gorffennol

Amser Gorffennol – mae'r gweithgaredd wedi digwydd.

Ffurf Gryno

Unigol	Lluosog
1. Gwelais i	1. Gwelsom ni
2. Gwelaist ti	2. Gwelsoch chi
3. Gwelodd ef/hi	3. Gwelson nhw/Gwelsant hwy

Negyddol

Unigol	Lluosog
1. Ni welais i	1. Ni welson ni
2. Ni welaist ti	2. Ni welsoch chi
3. Ni welodd ef/hi	3. Ni welson nhw

Berf Amhersonol

Amser gorffennol: Gwel**wyd**

Mae berfau amhersonol yn cael eu defnyddio wrth ysgrifennu'n ffurfiol.

Negyddol: Ni welwyd

Rhai berfau perthnasol amser gorffennol ar gyfer Cyflwyno Gwybodaeth

(Berfenw)	(Person 1af Unigol)	(3ydd Person Unigol)	(Person 1af Lluosog)	(Berf Amhersonol)
Adeiladu	Adeilad**ais**	Adeilad**odd**	Adeilad**om**	Adeilad**wyd**
Cael	Cefais	Cafodd	Cawsom	Cafwyd
Cofnodi	Cofnodais	Cofnododd	Cofnodom	Cofnodwyd
Cyflwyno	Cyflwynais	Cyflwynodd	Cyflwynom	Cyflwynwyd
Cymharu	Cymharais	Cymharodd	Cymharom	Cymharwyd
Cymysgu	Cymysgais	Cymysgodd	Cymysgom	Cymysgwyd
Dechrau	Dechreuais	Dechreuodd	Dechreuom	Dechreuwyd
Dweud	Dywedais	Dywedodd	Dywedom	Dywedwyd
Egluro	Eglurais	Eglurodd	Eglurom	Eglurwyd
Gofyn	Gofynnais	Gofynnodd	Gofynnom	Gofynnwyd
Gosod	Gosodais	Gosododd	Gosodom	Gosodwyd
Gwasgu	Gwasgais	Gwasgodd	Gwasgom	Gwasgwyd
Gwerthuso	Gwerthusais	Gwerthusodd	Gwerthusom	Gwerthuswyd
Gwrthbrofi	Gwrthbrofais	Gwrthbrofodd	Gwrthbrofom	Gwrthbrofwyd
Mesur	Mesurais	Mesurodd	Mesurom	Mesurwyd
Penderfynu	Penderfynais	Penderfynodd	Penderfynom	Penderfynwyd
Pleidleisio	Pleidleisiais	Pleidleisiodd	Pleidleisiom	Pleidleisiwyd
Pwyso	Pwysais	Pwysodd	Pwysom	Pwyswyd
Rhagfynegi	Rhagfynegais	Rhagfynegodd	Rhagfynegom	Rhagfynegwyd
Rhannu	Rhennais	Rhannodd	Rhannom	Rhannwyd
Rhedeg	Rhedais	Rhedodd	Rhedom	Rhedwyd
Symud	Symudais	Symudodd	Symudom	Symudwyd
Torri	Torrais	Torrodd	Torrom	Torrwyd
Trafod	Trafodais	Trafododd	Trafodom	Trafodwyd
Ychwanegu	Ychwanegais	Ychwanegodd	Ychwanegom	Ychwanegwyd
Ymchwilio	Ymchwiliais	Ymchwiliodd	Ymchwiliom	Ymchwiliwyd
Ymosod	Ymosodais	Ymosododd	Ymosodom	Ymosodwyd
Ysgrifennu	Ysgrifennais	Ysgrifennodd	Ysgrifennom	Ysgrifennwyd

Berf Amser Amherffaith

Mae'r amser amherffaith yn cyfleu'r gorffennol dros gyfnod o amser ac yn cyfleu arferiad.

Ffurf Gwmpasog: y mae i'r amser hwn **ddau** rediad cwmpasog o'r ferf

Unigol	Lluosog
1. Roeddwn i'n gweld	1. Roeddem ni'n gweld
2. Roeddech chi'n gweld	2. Roeddet ti'n gweld
3. Roedd ef/hi'n gweld	3. Roeddent yn gweld

Unigol	Lluosog
1. Byddwn i'n gweld	1. Byddem ni'n gweld
2. Byddit yn gweld	2. Byddech chi'n gweld
3. Byddai yn gweld	3. Byddent yn gweld

Ffurf Gryno

Unigol	Lluosog
1. Gwelwn i	1. Gwelem ni
2. Gwelet ti	2. Gwelech chi
3. Gwelai ef/hi	3. Gwelen nhw/Gwelent hwy

Berf Amhersonol

Amser amherffaith: Gwel**id**

Mae berfau amhersonol yn cael eu defnyddio wrth ysgrifennu'n ffurfiol.

Negyddol: Ni welid

Negyddol

Unigol	Lluosog
1. Doeddwn i ddim yn gweld	1. Doeddem ni ddim yn gweld
2. Doeddet ti ddim yn gweld	2. Doeddech chi ddim yn gweld
3. Doedd ef/hi ddim yn gweld	3. Doedden nhw ddim yn gweld

Unigol	Lluosog
1. Ni welwn i	1. Ni welem ni
2. Ni welet ti	2. Ni welech chi
3. Ni welai ef/hi	3. Ni welen nhw

Rhai berfau perthnasol amser amherffaith ar gyfer cyflwyno gwybodaeth

(Fi – Person cyntaf Unigol)

Roeddwn i'n gwerthfawrogi	Byddwn i'n gwerthfawrogi	gwerthfawrog**wn**
Roeddwn i'n casglu	Byddwn i'n casglu	casgl**wn**
Roeddwn i'n dilyn	Byddwn i'n dilyn	dilyn**wn**
Roeddwn i'n actio	Byddwn i'n actio	acti**wn**

(Fo/Fe/Hi – Trydydd person unigol)

Roedd ef/hi yn dosbarthu	Byddai ef/hi yn dosbarthu	dosbarth**ai**
Roedd ef/hi yn ychwanegu	Byddai ef/hi yn ychwanegu	ychwaneg**ai**
Roedd ef/hi yn rhestru	Byddai ef/hi yn rhestru	rhestr**ai**

(Ni – Person cyntaf lluosog)

Roeddem ni'n mesur	Byddem ni'n mesur	mesur**em**
Roeddem ni'n torri	Byddem ni'n torri	torr**em**
Roeddem ni'n cysylltu	Byddem ni'n cysylltu	cysyllt**em**

(Nhw/Hwy – Trydydd person lluosog)

Roedden nhw'n blasu	Bydden nhw'n blasu	blas**ent**
Roedden nhw'n ymestyn	Bydden nhw'n ymestyn	ymestyn**nent**
Roedden nhw'n cyflwyno	Bydden nhw'n cyflwyno	cyflwyn**ent**

Berfau Modd Gorchmynnol

Defnyddir ffurfiau'r modd gorchmynnol wrth roi cyfarwyddiadau, egluro proses a gorchymyn.

Cyfoethogi	– cyfoethog**wch**		Dysgu	– dysg**wch**
Cyfri	– cyfri**fwch**		Gofalu	– gofal**wch**
Cymysgu	– cymysg**wch**		Peidio	– peidi**wch**
Cynhesu	– cynhes**wch**		Penderfynu	– penderfyn**wch**
Dangos	– dangos**wch**		Rhoi	– rho**wch**
Rheoli	– rheol**wch**		Trefnu	– trefn**wch**

Ymadroddion/Cysyllteiriau amser

– ar gyfer esbonio proses, wrth gyfarwyddo neu ddwyn gwybodaeth i gof:

ar brydiau	ar un llaw	arweiniodd hyn at	bydd angen
cafwyd	er gwaethaf	er hyn	er mwyn
fe ddylech felly	heblaw am …	hynny yw	i ddechrau
i orffen	megis	naill ai … neu	nesaf
oherwydd	o ganlyniad	peidiwch â	rhowch
tra bo	un enghraifft	wedyn	wedi hynny
yn ail	yn amlwg	yn dilyn hyn	yn drydydd
yn gyntaf	yn olaf	yn raddol	yn ychwanegol
yn y cyfamser	yn ogystal â	yn y pen draw	yna
yn ystod			

Iaith Cyflwyno *Gwybodaeth* ar Waith

(Sylwch ar y berfau amrywiol, yr ymadroddion a'r cysylleiriau amser ar gyfer adroddiad, esboniad, cyfarwyddiadau, adrodd yn ôl neu ddwyn gwybodaeth i gof.)

Mathemateg: (Esbonio ymchwiliad)

Penderfynais gymryd sampl o 50 car petrol a 50 car diesel. **Gwnes** hyn er mwyn creu data sy'n haws i'w trin. Er mwyn cael sampl diduedd, **rhoddais** rif i bob car ac **yna** defnyddio'r cyfrifiannell i gynhyrchu rhifau ar hap o 1 i 127 ar gyfer y ceir petrol…

Yn gyntaf, lluniais dablau amledd cronnus ar gyfer y ceir petrol a'r ceir diesel ac **wedyn lluniais** ddau graff amledd cronnus, y naill i betrol a'r llall i diesel. **O ganlyniad, galluogai** hyn imi weld y data ar ffurf graffigol. **Golygai** hyn y **gallwn** amcangyfrif y canolrif, sy'n fesur arall o gyfartaledd ac amcangyfrif yr amrediad rhyngchwartel, a oedd yn rhoi mesur arall i mi o wasgariad y data…

Technoleg Bwyd: (Cyfarwyddiadau: RYSÁIT – Bisgedi Cyflym)

Dull

1. **Cynheswch** y ffwrn i'r tymheredd cywir.
2. **Rhidyllwch** y blawd i fowlen gymysgu.
3. **Ychwanegwch** y siwgr a'r gneuen goco cyn eu cymysgu yn drwyadl â llwy fwrdd.
4. **Rhowch** y margarîn mewn jwg fesur a'i doddi yn y meicrodon am 30 eiliad.
5. **Torrwch** wy i fasn bach a churwch ef yn dda â fforc cyn ychwanegu'r margarîn ato.
6. **Cymysgwch** y cynhwysion i gyd.
7. **Rhannwch** y gymysgedd yn beli bach a ffurfio'r cynnwys i siapiau gwahanol.

Hanes: (Adroddiad: Cyflwyno Gwybodaeth ar achosion y Chwyldro Diwydiannol)

Roedd llawer o achosion dros y Chwyldro Diwydiannol. **Cafwyd** llawer o fwynau yn naear Cymru ac nid oedd ymladd o unrhyw fath yn y wlad, felly **gellid** canolbwyntio ar y chwyldro. Yn 1776, fe **ysgrifennwyd** llyfr o'r enw *The Wealth of Nations* gan Adam Smith. **Dywedodd** yr awdur na **ddylai**'r llywodraeth ymyrryd mewn diwydiant a masnach. Enw'r polisi oedd "Laissez-faire". Roedd gan Brydain drefedigaethau ac roeddent yn farchnadoedd da i'r wlad. **Golygai** hyn felly fod mwy fyth o alw am…

Daearyddiaeth: (Adroddiad: Cyflwyno gwybodaeth am yr Eidal)

Yn Ne Ewrop mae'r Eidal. **Ymestynna** i Fôr y Canoldir. **Rhennir** y wlad yn ddwy ran, sef y Gogledd a'r De. **Mae** gan yr Eidal ddwy ynys, sef Sardinia a Sicilia. Y pedair gwlad sy'n ffinio â'r Eidal yw'r Swistir, Awstria, Ffrainc a Slofenia. O ran tirwedd mae'r de yn fynyddig iawn. **Gelwir** y rhan yma sy'n ymestyn lawr canol y wlad yn fynyddoedd Apennino.

Addysg Grefyddol: (Adroddiad: Cyflwyno gwybodaeth am Fwdhaeth)

Mae'r rhan fwyaf o Fwdhyddion yn dilyn esiampl a dysgeidiaeth dyn o'r enw Siddartha Gautama. **Cafodd** Gautama ei eni yng ngogledd yr hen India, neu Nepal heddiw, rhyw 2,500 o flynyddoedd yn ôl. **Rhoddwyd** teitl arbennig iddo sef 'Y Bwdha' sy'n golygu un sydd wedi'i oleuo oherwydd:

- **Daeth** i ddeall y gwirionedd am fywyd
- Cyflawni goleuedigaeth yw nod pob Bwdhydd.

Cerddoriaeth: (Cyfarwyddiadau: Dysgu chwarae gitâr fas)

1. **Gafaelwch** yn y gitâr fas fel a ganlyn: eich llaw chwith ar fyseddfwrdd (hynny yw, 'gwddf') yr offeryn a'r llaw dde'n pwyso ar ei ysgwydd. **Gallwch** ei ddal ar eich glin rhag iddo ddisgyn.
2. **Estynnwch** fysedd eich llaw dde a **thynnwch** y llinynnau'n ysgafn. **Gwyliwch** nad yw'r amp wedi'i osod yn rhy uchel rhag i chi frifo eich clustiau.
3. **Sylwch** ar gyfres o fariau metel ar fyseddfwrdd yr offeryn; **gelwir** y rhain yn gribellau.
4. **Arbrofwch** gyda nodau gwahanol drwy symud bysedd y llaw chwith i fyny ac i lawr y byseddfwrdd.
5. **Sylwch** sut y mae traw (hynny yw, 'sain') y nodau'n newid wrth i chi fyrhau'r llinyn.
6. **Edrychwch** ar y dudalen i weld sut i fyseddu'r nodau a **ddangosir** ar yr erwydd. **Gelwir** y math isod o nodiant gitâr yn nodiant tab.
7. **Treuliwch** rai munudau'n ymgyfarwyddo â'r hen nodiant a'r nodiant tab. **Dysgwch** bob nodyn yn unigol i ddechrau yna **ewch** ati i chwarae dilyniant o nodau.
8. Os **daliwch** ati, **byddwch** yn gitarydd enwog cyn pen dim …

Addysg Gorfforol: (Esboniad: Profion ffitrwydd – Prawf rhediad Cooper)

Pwrpas y prawf hwn yw mesur ffitrwydd cardiofasgwlar. Po fwyaf y cyfanswm o lapiau a **wna'r** person yr uchaf fydd ei ffitrwydd cardiofasgwlar. **Cynhelir** y prawf mewn campfa a **gosodir** pedwar côn mewn sgwâr o faint penodol. Yna **rhed** y person a fydd yn gwneud y prawf o amgylch y pedwar côn cynifer o weithiau â phosib mewn 12 munud. **Cofnodir y** lapiau a wneir o fewn 12 munud.

Cymraeg: (Adroddiad yn cyflwyno gwybodaeth: erthygl ar ordewdra)

Wythnos diwethaf **cyhoeddwyd** adroddiad sy'n cynnwys ffeithiau ac ystadegau ar iechyd y Cymry. **Noda**'n glir fod cyfraddau gordewdra yng Nghymru wedi codi'n sylweddol yn ystod y ddegawd ddiwethaf… **Dengys** arolwg a **gynhaliwyd** gan arbenigwyr iechyd bod 22% o oedolion ac 19% o blant yng Nghymru yn ordew… **Dywed** Dr Haboubi, Cadeirydd Fforwm Gordewdra Cenedlaethol Cymru bod 'y broblem yn anferth ac yn llawer gwaeth na Lloegr ac yn waeth nag unman arall yn y Deyrnas Unedig…'
O ganlyniad i hyn penderfynwyd cychwyn ar ymgyrch i godi ymwybyddiaeth y cyhoedd am ordewdra a bwyta'n iach.

Busnes: (Adroddiad ar gyflwr economaidd Prydain wedi'r dirwasgiad diweddar)

Mae'r Deyrnas Unedig wedi dioddef y dirwasgiad gwaethaf ers yr Ail Ryfel Byd. **Golyga** hyn fod nifer o fusnesau wedi cau oherwydd cwymp yn y galw am eu nwyddau a'u gwasanaethau. **O ganlyniad,** mae lefelau diweithdra wedi codi a nifer helaeth o gwsmeriaid wedi colli'r hyder i wario arian. Yn ôl arbenigwyr ariannol **ymddengys** y dyfodol yn ddu iawn i economi ein gwlad ac mae taith gythryblus o'n blaen am flynyddoedd i ddod.

Seicoleg: (Adroddiad yn cyflwyno gwybodaeth am effaith y profiad o ymlyniad (Theori Ymlyniad Bowlby 1969) ar ein gallu i ffurfio perthnasoedd)

Mae'n perthnasoedd yn cael eu heffeithio gan ein hanes a'n profiad blaenorol. **Un enghraifft** yw ein steil ymlyniad. **Darganfu** Bowlby (1969) fod plant yn arddangos patrymau o ymlyniad i'w prif warchodwr. Yn ôl yr ymchwil os oedd plentyn bach yn llwglyd, yn wlyb neu wedi cael ofn **roedd** rhai ohonynt yn gweld bod gwarchodaeth ymatebol a gofal ar gael ar eu cyfer. **Hynny yw**, roedd gwarchodwr maethol yn dod pan oedd y plentyn bach ei angen. **Deuai**'r plant hyn i ddibynnu ar eraill yn gyfforddus gan ddysgu bod pobl eraill yn ddibynadwy ac yn garedig.

Astudiaethau'r Cyfryngau: (Adrodd yn ôl: Cyfarwyddo cynhyrchiad gwreiddiol, ffilm fer ddogfennol)

Wrth ysgrifennu'r sgript, **dilynais** gonfensiynau rhaglenni dogfen drwy greu naratif clir a chytbwys iddi. **Ymchwiliais** ar wefan *BBC Writer's Room* i weld pa fath o fformat **ddylwn** ei ddefnyddio. Fe **wnes** i gynnwys cyfarwyddiadau ffilmio a golygu manwl er mwyn hwyluso'r broses a gwneud yn siŵr bod gen i weledigaeth glir o sut fyddai'r ffilm yn edrych yn derfynol.

Beth yw "esboniad"?

Esbonio sut mae rhywbeth yn gweithio; egluro achos ac effaith.

Cynulleidfa?

Rhywun sydd eisiau deall proses.

Pwrpas?

Helpu rhywun i ddeall proses.

Esiamplau?

Esboniad i gwestiynau fel "Sut mae'r gylchred ddŵr yn gweithio?", "Beth achosodd y Rhyfel Byd Cyntaf?", "Sut mae tortsh batri yn gweithio?", "Pam mae arfordiroedd yn erydu?", "Beth sy'n digwydd pan fo llosgfynydd yn ffrwydro?", gwahoddiad, bwletin newyddion, sylwebaeth, neges neu ebost.

Strwythur?

Cyfres o gamau i esbonio sut neu pam mae rhywbeth yn digwydd. Gellir defnyddio diagramau a siartiau llif.

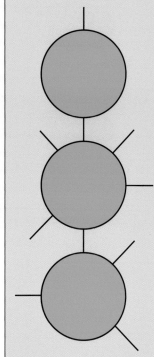

Sgerbwd posib i gynllunio cyn ysgrifennu

Hynny yw, mae cyfres o gamau rhesymegol mewn esboniad syml, e.e. "Mae hyn yn digwydd... sy'n arwain at hyn... Wedyn, mae hyn yn digwydd...".

Gellir addasu hwn i sgerbwd cylch neu siart llif.

Patrymau iaith i'w defnyddio wrth ysgrifennu

Rydw i am egluro pam/sut...

Mae mwy nag un eglurhad o pam/sut/beth...

Mae nifer o resymau am hyn...

Yn gyntaf...

Golyga hyn...

Y dystiolaeth ar gyfer hyn yw...

Wedi hynny...

Nesaf...

Yn ail...

Ac yna...

Eglurhad arall yw...

Yn dilyn...

Rheswm pellach yw...

Ac fel canlyniad...

I orffen...

Gallwch weld...

Rhestr wirio ar ôl ysgrifennu

✔ Oes ystyriaeth yma i natur y gynulleidfa?

✔ Ydy'r esboniad yn eglur?

✔ Oes unrhyw gam wedi'i anghofio?

✔ A oes trefn resymegol i'r esboniad?

✔ A ddefnyddiwyd yr iaith dechnegol angenrheidiol yn effeithiol?

✔ A oes diagramau i gefnogi'r esboniad?

✔ A oes gofal yma wrth sillafu, atalnodi a threiglo?

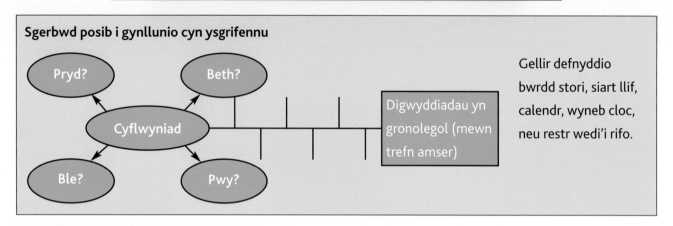

Sgerbwd posib i gynllunio cyn ysgrifennu

Pryd?

Beth?

Cyflwyniad

Ble?

Pwy?

Digwyddiadau yn gronolegol (mewn trefn amser)

Gellir defnyddio bwrdd stori, siart llif, calendr, wyneb cloc, neu restr wedi'i rifo.

Beth yw "adrodd yn ôl"?

Ail ddweud neu ailadrodd digwyddiadau yn yr amser gorffennol, YN GRONOLEGOL.

Cynulleidfa?

Rhywun sydd eisiau gwybod beth ddigwyddodd.

Pwrpas?

Rhoi gwybodaeth.

Esiamplau?

Adroddiad am ddigwyddiad, erthygl papur newydd, stori wir, hunangofiant yn nhrefn amser.

Strwythur?

Cyflwyniad,

yna paragraffau mewn trefn gronolegol,

yna clo.

Gramadeg

Bydd angen cofio defnyddio berfau'r gorffennol yn gywir, e.e. es i, aethon ni, cefais i, cawsom ni, roeddwn i, roedden ni.

a threiglo'n feddal ar ôl berfau cryno,
e.e. gwelais **d**ystiolaeth, cawsom **g**inio

Patrymau iaith i'w defnyddio wrth ysgrifennu
Bydd angen defnyddio **cysyllteiriau amser**
e.e. "i ddechrau", "yna", "nesaf", "wedyn", "yn y pen draw", "yn gyntaf", "yn raddol", "yn y cyfamser", "yn olaf", "i orffen", "yn dilyn hyn"

Rhestr wirio ar ôl ysgrifennu
✔ Oes ystyriaeth yma i natur y gynulleidfa?
✔ Ydy'r holl fanylion perthnasol am y digwyddiad wedi'u cynnwys?
✔ Ydy'r digwyddiadau yn y drefn gywir?
✔ A yw'r dechrau a'r diwedd yn hoelio ein sylw?
✔ A oes defnydd effeithiol o gysyllteiriau amser?
✔ Ydy'r defnydd o ferfau'r gorffennol yn gywir a'r treiglo ar ôl berfau cryno?
✔ A oes gofal yma wrth sillafu, atalnodi a threiglo?

Beth yw "adroddiad"?

Disgrifio nodweddion; disgrifio sefyllfa; cyflwyno gwybodaeth NAD SYDD MEWN TREFN AMSER.

Cynulleidfa?

Rhywun sydd eisiau gwybod rhywbeth am rywbeth.

Pwrpas?

Rhoi gwybodaeth fel ei bod yn rhwydd i'w ffeindio a'i deall.

Esiamplau?

Agweddau ar fywyd pob dydd mewn cyfnod hanesyddol, cymharu pethau, disgrifiad o leoliadau a nodweddion daearyddol, adran ar gyfer cyfeirlyfr, disgrifio un o grefyddau'r byd, pamffled, adolygiad.

Strwythur?

Cyflwyno pwnc yr adroddiad,

yna paragraffau heb fod mewn trefn gronolegol, yn aml wedi'u trefnu fesul categori/thema gyda theitlau/is-deitlau.

Gellir defnyddio diagramau neu luniau.

Sgerbwd posib i gynllunio cyn ysgrifennu

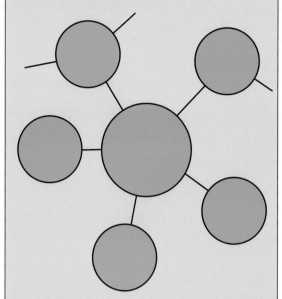

Map meddwl er mwyn trefnu gwybodaeth yn ôl thema/categori (does dim angen iddo fod mewn trefn amser).

Gellir defnyddio llun neu ddiagram. Os oes angen cymharu dau beth, gellir defnyddio grid, neu ddiagram Venn.

Patrymau iaith i'w defnyddio wrth ysgrifennu

Yn ogystal â...

Mwy na hynny...

Ar yr un pryd...

Yn yr un modd/ ffordd...

Yn union fel y mae...

Ar y llaw arall...

Er gwaethaf...

Yn debyg...

Nid yn unig...ond...

O gymharu a...

Mae'r mwyafrif...

Mewn cyferbyniad â...

Er hynny...

Enghraifft o...

Ffaith arall yw...

Yn wir...

Mae hyn yn golygu...

Un eglurhad ydy...

O ganlyniad...

O achos...

Rhestr wirio ar ôl ysgrifennu

✔ Oes ystyriaeth yma i natur y gynulleidfa?

✔ Ydy'r paragraff cyntaf yn cyflwyno pwnc yr adroddiad?

✔ Ydy'r adroddiad yn rhoi'r wybodaeth angenrheidiol?

✔ Ydy'r wybodaeth yn eglur a chywir?

✔ A oes trefn synhwyrol i'r ysgrifennu?

✔ Ydy naws yr ysgrifennu'n addas ar gyfer cynulleidfa gyffredinol?

✔ A oes cofnod o'r ffynonellau a ddefnyddiwyd i gasglu'r wybodaeth, e.e. llyfryddiaeth os oes angen?

✔ A oes gofal yma wrth sillafu, atalnodi a threiglo?

Beth yw "cyfarwyddiadau"?

Disgrifio sut mae rhywbeth yn cael ei wneud trwy restru cyfres o gamau.

Cynulleidfa?

Rhywun sydd eisiau gwybod sut i wneud rhywbeth.

Pwrpas?

I ddweud yn glir wrth rywun sut i wneud rhywbeth.

Esiamplau?

Dweud sut i greu rhywbeth/sut i ddefnyddio rhywbeth/sut i gynnal ymchwiliad/disgrifio gweithdrefnau mewn mathemateg/sut i chwarae badminton/rheolau/rysáit coginio.

Strwythur?

Trefn gronolegol, yn aml fel rhestr. Gellir defnyddio diagramau. Bydd angen cynnwys rhestr o eitemau/cynhwysion angenrheidiol. Gellir gorffen gyda chyngor ychwanegol, gair o rybudd neu bwynt hollbwysig.

Gramadeg

Gyda berfau gorchmynnol, bydd angen defnyddio'r unigol (ti) neu'r lluosog (chi),
e.e. "Gwna" (unigol) neu "Gwnewch" (lluosog)

Rhaid treiglo'n feddal ar ôl berfau gorchmynnol, e.e. "Cofiwch **g**oginio", "Tynna **l**un"

Cofiwch fod angen dilyn "paid" a "pheidiwch" gyda'r arddodiad "â", e.e. "Peidiwch **â** chyffwrdd..."

Sgerbwd posib i gynllunio cyn ysgrifennu

Mewn dilyniant

Patrymau iaith i'w defnyddio wrth ysgrifennu

*Bydd angen defnyddio **cysyllteiriau amser**,*
e.e. "i ddechrau", "yna", "nesaf", "wedyn", "yn gyntaf", "yn ail", "yn drydydd", "yn bedwerydd", "yn raddol", "yn olaf"

Patrymau eraill

Sut i...

Bydd angen... arnoch chi...

Er mwyn...

Gwnewch yn siŵr bod...

Gwiriwch...

Fe ddylech...

Mae'n beth da...

Mae hyn yn achosi...

Yn amlwg...

Ni ddylech chi...

Cofiwch...

Rhowch...

Peidiwch â...

I orffen...

Rhestr wirio ar ôl ysgrifennu

✔ Oes ystyriaeth yma i natur y gynulleidfa?

✔ Ydy'r teitl neu'r agoriad yn esbonio'n glir beth yw'r nod?

✔ Ydy'r camau i gyd wedi'u nodi'n glir?

✔ Ydy'r eitemau/cynhwysion/offer angenrheidiol i gyd wedi'u rhestru?

✔ Ydy'r camau i gyd yno?

✔ A all rhywun arall gwblhau'r dasg yn llwyddiannus wrth ddilyn y cyfarwyddiadau?

✔ Oes patrymau iaith addas yma, e.e. cysyllteiriau amser?

✔ Ydy'r berfau gorchmynnol yn gywir a'r treiglo'n gywir ar ôl y berfau?

✔ A oes gofal yma wrth sillafu, atalnodi a threiglo?

Iaith Gymharu ac Iaith Ddisgrifio

Unwaith eto mae'r cywair iaith hwn yn berthnasol i holl bynciau'r cwricwlwm. Ceir adegau ymhob pwnc lle mae gofyn i'r disgybl ddisgrifio, cymharu neu/ac ymateb yn bersonol. Dyma lle mae dychymyg, geirfa ddisgrifiadol ac iaith gymharol mor allweddol bwysig.

Mewn rhai pynciau ceir cyfle i ysgrifennu'n **estynedig** iawn yn y cywair iaith hwn ar ffurf stori, ymson, dyddiadur, llythyr, portread a deialog tra mewn pynciau eraill gofynnir am ddisgrifio ac ymateb mwy cryno. Defnyddir iaith gymharu ac iaith ddisgrifio, wrth gwrs, wrth ysgrifennu hefyd yn y chwe ffurf anllenyddol y cyfeirwyd atynt eisoes yn Uned 1 ac Uned 2.

Iaith ddisgrifio

Gellir disgrifio trwy ddefnyddio un neu gyfuniad o'r isod:

1. Ansoddeiriau (gair sy'n disgrifio enw)

pryd **blasus**	tref **boblogaidd**	arbrawf **llwyddiannus**	ardal **wledig**	pridd **sych**
bonheddwr **bras**	gwlad **gyfalafol**	crys **cotwm**	siâp **amlochrog**	dilledyn **trwchus**
amgylchedd **oer**	creadur **danheddog**	dŵr **hallt**	hylif **asidig**	tywydd **cynnes**
deiet **iachus**	cwestiwn **penodol**	safon **isel** o ffitrwydd	data **meintiol**	canlyniad **teg**
arbrawf **dibynadwy**	sampl **cynrychiadol**	dyluniad **safonol**	cymdeithas **ddiwydiannol**	
pris **derbyniol**	holiadur **cyntaf**	cynulleidfa **darged**	perfformiad **gwefreiddiol**	
rheolau **pendant**	rhyfel **cyfiawn**	cyflwyniad **gorffenedig**	damcaniaeth **draws-ddiwylliannol**	

Cymharu Ansoddeiriau

Yn aml defnyddir yr elfen gymharol wrth egluro a chymharu mewn pynciau. Mae ffurfiau gwahanol i'r ansoddair wrth gymharu ac mae dwy ffordd o gymharu ansoddeiriau, y ffordd gryno a'r ffordd gwmpasog.

Gradd Gysefin: dyma'r ansoddair gwreiddiol – y gair y byddem yn ei weld mewn geiriadur.

trwm	golygus
caled	ffasiynol
cyflym	llwyddiannus
mawr	melys
glas	swynol

cryf	cerddorol
hardd	rhythmig
uchel	perthnasol
da	cynnes

Gradd Gyfartal: ystyr cyfartal yw yr un fath. Mae modd defnyddio **MOR** neu **CYN** o flaen yr ansoddair, e.e. yr un mor drwm, neu ychwanegu y **terfyniad -ed**. Sylwch fod y geiriau hyn yn achosi treiglad (ond nid "rh" a "ll").

cyn drymed â/ag	mor olygus â/ag
cyn galeted â/ag	mor ffasiynol â/ag
cyn gyflymed â/ag	mor llwyddiannus â/ag
cymaint â/ag	mor felys â/ag
cyn lased â/ag	mor swynol â/ag
cyn gryfed â/ag	mor gerddorol â/ag
cyn hardded â/ag	mor rhythmig â/ag
cyn uched â/ag	mor berthnasol â/ag
cystal â/ag	mor gynnes â/ag

Gradd Gymharol: gellir ystyried y gair **MWY**, e.e. un radd yn fwy, neu **ychwanegu'r terfyniad -ach**:

yn drymach na/nag	mwy golygus na/nag
yn galetach na/nag	mwy ffasiynol na/nag
yn gyflymach na/nag	mwy llwyddiannus na/nag
yn fwy na/nag	mwy melys na/nag
yn lasach na/nag	mwy swynol na/nag
yn gryfach na/nag	mwy cerddorol na/nag
yn harddach na/nag	mwy rhythmig na/nag
yn uwch na/nag	mwy perthnasol na/nag
yn well na/nag	mwy cynnes na/nag

Gradd Eithaf: gellir ystyried y gair **MWYAF**, e.e. yn well na'r lleill, neu **ychwanegu'r terfyniad -af**:

y trymaf	y mwyaf golygus
y caletaf	y mwyaf ffasiynol
y cyflymaf	y mwyaf llwyddiannus
y mwyaf	y mwyaf melys
y glasaf	y mwyaf swynol
y cryfaf	y mwyaf cerddorol
yr harddaf	y mwyaf rhythmig
yr uchaf	y mwyaf perthnasol
y gorau	y mwyaf cynnes

Mae rhai ansoddeiriau **nad ydynt yn dilyn y patrwm uchod**, e.e.

Cysefin	Cyfartal	Cymharol	Eithaf
da	cystal â/ag	gwell na/nag	y gorau
drwg	cynddrwg â/ag	gwaeth na/nag	y gwaethaf
hen	cyn hyned â/ag	hŷn na/nag	yr hynaf
anodd	anhawsed â/ag	anos na/nag	yr anhawsaf
hawdd	cyn hawsed â/ag	haws na/nag	yr hawsaf

2. **Cymariaethau** (y tebygrwydd rhwng dau beth gwahanol)
   - roedd y bara'n blasu **fel** graean
   - roedd y sylwedd yn blasu **fel** asid lemwn
   - rhedodd Linford **fel** mellten

3. **Trosiad** (disgrifio drwy uniaethu dau beth hollol wahanol)
   - roedd *Mandela* yn *gawr* o ddyn
   - roedd y *gân* yn *fôr* o emosiwn
   - gosoda'r cig ar *wely o letys*

4. **Personoliad** (rhoi nodweddion dynol i rywbeth nad yw'n ddynol)
   - ysgwydd y bryn
   - cesail y mynydd
   - braich y peiriant
   - dannedd y llif
   - llygad y nodwydd

5. **Idiomau** (Dywediadau Cymraeg)

rhoi'r ffidil yn y to	nerth ei draed
dwylo blewog	a'i ben yn ei blu
ar bigau'r drain	pen i waered
gorau glas	dau ben llinyn ynghyd
igam ogam	byth a beunydd
ling di long	rhwng dwy stôl
o Fôn i Fynwy	taro'r hoelen ar ei phen
daw eto haul ar fryn	a'i wynt yn ei ddwrn
dros ben llestri	heb siw na miw
yn wên o glust i glust	

6. **Adferf** (Gair neu ymadrodd a ddefnyddir i ychwanegu ein gwybodaeth am ferf neu ansoddair)
   - anadlodd yn **ddwfn**
   - rhedodd yn **gyflym**
   - crynais yn **ddireolaeth**

Iaith Gymharu ac Iaith Ddisgrifio ar Waith

Ceir amrywiaeth o ffurfiau yma – sylwch ar rai o'r ansoddeiriau, yr elfen gymharol a'r technegau disgrifio.

Cymraeg: (Ymateb yn bersonol: dyddiadur Llangrannog)

Roeddwn wedi **blino'n lân** y bore ma a neidiais o drwmgwsg gyda **sgrech y gloch**. Brecwast **blasus** ac yna **taith hir** i Aberystwyth. **Croc o fws** a'n cludodd i'r dref ac mae'n siŵr i mi deimlo **pob lwmp a bwmp** wrth i'r **bws gropian fel crwban** ar hyd yr arfordir. Serch hyn roedd y **golygfeydd yn wefreiddiol** – y môr yn ymestyn yn **garped glas** a'r **haul yn belen danllyd yn hongian ar y gorwel**.

Gwyddoniaeth: (Gwerthusiad o arbrawf Ffiseg)

Sylwaf o wneud yr arbrawf **diddorol** hwn nad yw gwrthiant yn newid o gwbl wrth ddefnyddio folteddau **gwahanol** ond mae'r cerrynt yn **amrywio**. Gwna hyn synnwyr gan mai un coil a ddefnyddiwyd ac roedd ei wrthiant **yn gyson** ond gall foltedd **uwch** wthio mwy o gerrynt trwyddo. **Po isaf** y foltedd, **isaf** yw'r cerrynt sy'n llifo. Gellir creu arbrawf **tecach** trwy sicrhau mesuriadau **mwy rheolaidd** ar gyfer y cyswllt **symudol**.

Dylunio a Thechnoleg: (Gwerthusiad o Degan)

Mae'r dyluniad **gorffenedig** yn ateb y briff yn **eithaf da**. Mae'n ddyluniad **diogel** iawn er y teimlaf fod y sgriwiau **miniog** sydd yn y cefn braidd yn **beryglus**. Dyma degan **cryf iawn** o ganlyniad i'r **pren cadarn** a ddefnyddiais. Gallwn fod wedi defnyddio acrylig gan fod y plastig yn **rhatach na phren caled** ond byddai'n rhaid peintio'r tegan **gorffenedig** yn **amryliw** er mwyn cuddio'r **plastig undonog**. Gwnes fy **ngorau glas** i sicrhau tegan o **ansawdd da**.

Daearyddiaeth: (Astudiaeth o Dre-gŵyr)

Pentref **bach** ar gyrion dinas Abertawe yw Tre-gŵyr. Blynyddoedd yn ôl cymuned **amaethyddol** oedd Tre-gŵyr gyda mart gwartheg **boblogaidd** iawn lle byddai pobl **ar hyd a lled** yr ardal yn dod i werthu. Yn y bedwaredd ganrif ar bymtheg, daeth gwaith **dur** i'r Elba a chynyddodd maint y pentref. Adeiladwyd **mwy** o dai ar gyfer y gweithwyr a hefyd rheilffordd i gario'r dur i'r porthladd yn Abertawe.

Addysg Grefyddol: (Cymharu agweddau ar Ryfel a Heddwch)

Ystyr y term Jihad yw ymgyrchu yn enw Allah. Nid yw'n golygu brwydr yn y ffurf **filwrol**. Eto, mae gan Islam reolau **pendant** am ryfel sy'n debyg i egwyddorion rhyfel **cyfiawn** o fewn Cristnogaeth. Mae Hindŵiaid **ar y llaw arall** yn dilyn dysgeidiaeth Ahisma sy'n golygu 'dim trais'. Mae'n grefydd **heddychlon** ac yn annog parch at bob agwedd o fywyd. Fel Cristnogion maent yn credu bod bywyd yn **gysegredig**.

Mathemateg: (Gwerthusiad o Holiaduron Barn)

Mae'r holiadur **cyntaf** yn **dueddol** gan ei fod wedi ei wneud mewn canolfan siopa.(Mae'n debyg byddai mwy o bobl mewn canolfan siopa yn ateb 'Ydy' i'r cwestiwn cyntaf.) O'i **gymharu** mae'r ail holiadur **yn deg** ond nid yw cwestiwn 3 **yn gywir** gan fod **mwy** nag un lle i berson 40 oed ysgrifennu ei oedran. Byddai hyn yn drysu rhai pobl. Yr **ail** holiadur yw'r un **gorau** ond mae angen addasu'r ddau i fod yn hollol gywir.

Mathemateg: (Trafod Tebygolrwydd wrth daflu dis)

Mae'r tebygolrwydd o daflu y rhif 7 ar ddis **diduedd cyffredin** yn amhosibl; tra bod y tebygolrwydd o daflu eilrif yn **siawns deg**. Mae'r tebygolrwydd o daflu rhif 1 ar ddis **diduedd cyffredin yn annhebygol** tra bod y tebygolrwydd o daflu ffactor o 12 **yn debygol iawn**.

Hanes: (Cymharu ffynonellau yn ymwneud ag achosion Terfysgoedd Beca)

Mae dau ddehongliad ynglyn ag achosion Terfysgoedd Beca. **Cred rhai** mai amodau byw **difrifol** a thlodi **affwysol** y ffermwyr achosodd y terfysgoedd **tra bod eraill** o'r farn mai'r tollbyrth arweiniodd at yr helyntion **treisgar**. **Dengys** ffynhonnell A **yn glir** mai tlodi achosodd yr helynt trwy ddisgrifio'r ffermwyr **yn lled-newynu** ac yn byw mewn cartrefi **erchyll**. **Ar y llaw arall** dengys ffynhonnell B mai'r tollbyrth a chamddefnydd Thomas Bullin ohonynt oedd **prif** achos y terfysgoedd.

Technoleg Gwybodaeth: (Gwerthusiad o gyflwyniad ar gyfer gwaith CA4)

Teimlaf fy mod wedi ateb y briff **yn dda** ar gyfer y cyflwyniad **gorffenedig**. Mae'r cyflwyniad yn arddangos ymwybyddiaeth **gadarn** o gynulleidfa oherwydd mae'n cynnwys yr holl wybodaeth **angenrheidio**l i hysbysebu'r digwyddiad. Gwnes ddefnydd **effeithiol** o nodweddion y pecyn meddalwedd, e.e. newid ffontiau, ychwanegu clip-luniau a thablau er mwyn amrywio'r cyflwyniad. Bellach mae'n gyflwyniad llawer **mwy diddorol** ei ddiwyg a'i bwrpas na'r ddrafftiau **diflas cynt**.

Astudiaethau'r Cyfryngau: (Gwerthusiad o ymchwil cynradd – holiaduron ym mynegi barn ar destun cyfryngol newydd a gwreiddiol)

Wrth ddadansoddi canlyniadau fy holiaduron daeth yn amlwg bod rhai atebion yn **fwy poblogaidd nag** eraill; megis bod tua hanner y gynulleidfa **darged** yn darllen cylchgronau'n wythnosol **yn hytrach nag** yn fisol. Byddaf felly yn cyhoeddi fy nghylchgrawn yn wythnosol i gwrdd â'r angen hyn. Dangosodd yr **ail** holiadur oedd yn ymwneud â phris cylchgronau fod codi mwy na £3.00 am gylchgrawn yn **rhy ddrud**. Y pris **derbyniol** a **rhesymol**, yn ôl y sampl fyddai **llai** na £2.00. Dylai maint ac ansawdd y cylchgrawn **newydd** fod **cystal** â'r rheini sydd ar y farchnad yn barod.

Seicoleg: (Gwerthusiad o waith ymchwil Rahe (1970 – rhagdybio newidiadau mewn iechyd yn seiliedig ar brofiad o straen blaenorol))

Cyfyngwyd y sampl i bersonel **gwrywaidd** Llynges UDA; felly roedd yn **ethnoganolog** ac yn **androganolog**. Arweinia hyn at ddilysrwydd **isel** ac oherwydd hynny mae'n **anodd** cyffredinoli'r canlyniadau at boblogaethau eraill. Mae canlyniadau'r astudiaeth ymchwil hon yn cefnogi ymchwil **flaenorol** sy'n awgrymu bod gan y dechneg fesur 'Sgôr Digwyddiadau Bywyd' gydberthyniad **isel** ond **arwyddocaol** gydag iechyd yn ymwneud â straen.

Addysg Gorfforol: (Gwerthuso Perfformiad)

Teimlaf fod fy mherfformiad yn y naid uchel wedi **gwella'n sylweddol o gymharu** â fy mherfformiad **blaenorol**. O ganolbwyntio'n ddiwyd ar dechnegau a nodweddion **hanfodol** fel mesur yr atrediad yn **fanwl gywir**, uchder neidio, ystum y corff ac arch y cefn, teimlaf fy mod yn cyrraedd safon **uwch** o lawer o berfformiad na chynt.

Asesu ar gyfer Dysgu

Mae Asesu ar Gyfer Dysgu yn cael ei weithredu'n gyson mewn gwersi ar draws y cwricwlwm. Gellid ystyried asesu ar gyfer dysgu yn broses gylchol sy'n cysylltu agweddau ar yr addysgu, y dysgu a'r asesu.

1. Y Cylch Ysgrifennu

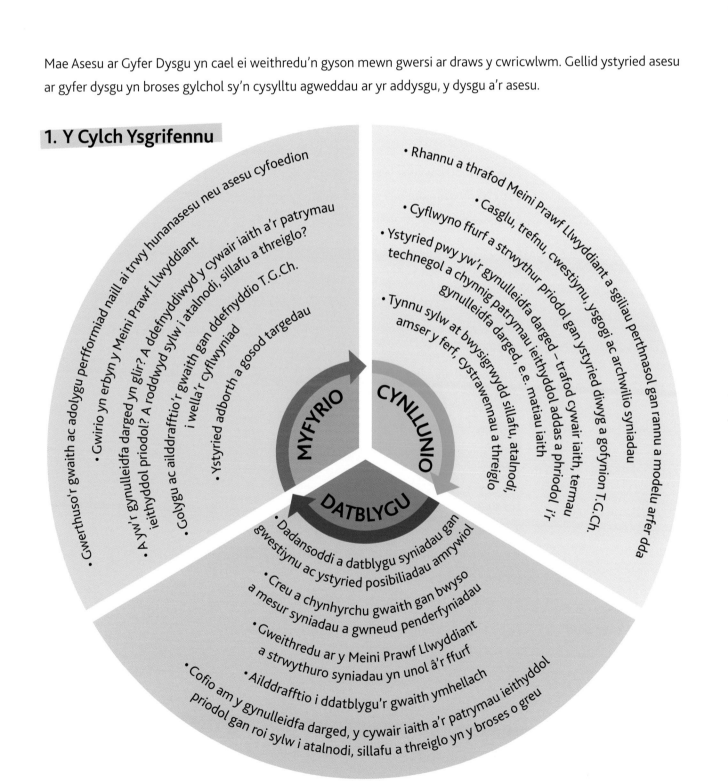

MYFYRIO
- Gwerthuso'r gwaith ac adolygu perfformiad naill ai trwy hunanasesu neu asesu cyfoedion
- Gwirio yn erbyn y Meini Prawf Llwyddiant
- A yw'r gynulleidfa darged yn glir? A ddefnyddiwyd y cywair iaith a'r patrymau ieithyddol priodol? A roddwyd sylw i atalnodi, sillafu a threiglo?
- Golygu ac ailddrafftio'r gwaith gan ddefnyddio T.G.Ch. i wella'r cyflwyniad
- Ystyried adborth a gosod targedau

CYNLLUNIO
- Rhannu a thrafod Meini Prawf Llwyddiant a sgiliau perthnasol gan rannu a modelu arfer dda
- Casglu, trefnu, cwestiynu, ysgogi ac archwilio syniadau
- Cyflwyno ffurf a strwythur priodol gan ystyried diwyg a gofynion T.G.Ch.
- Ystyried pwy yw'r gynulleidfa darged – trafod cywair iaith, termau technegol a chynnig patrymau ieithyddol addas a phriodol i'r gynulleidfa darged, e.e. matiau iaith
- Tynnu sylw at bwysigrwydd sillafu, atalnodi, amser y ferf, cystrawennau a threiglo

DATBLYGU
- Dadansoddi a datblygu syniadau gan gwestiynu ac ystyried posibiliadau amrywiol
- Creu a chynhyrchu gwaith gan bwyso a mesur syniadau a gwneud penderfyniadau
- Gweithredu ar y Meini Prawf Llwyddiant a strwythuro syniadau yn unol â'r ffurf
- Ailddrafftio i ddatblygu'r gwaith ymhellach
- Cofio am y gynulleidfa darged, y cywair iaith a'r patrymau ieithyddol priodol gan roi sylw i atalnodi, sillafu a threiglo yn y broses o greu

2. Cwestiynu

Mae'n bwysig manteisio ar dechneg holi pwrpasol drwy ofyn cwestiynau caeëdig ac agored. Mae dysgwyr yn cymryd rhan mwy gweithredol yn eu dysgu eu hunain drwy gael cyfle i drafod cwestiynau a gellir gwarantu gwell dealltwriaeth.

Dwyn i gof wna cwestiynau caeedig yn bennaf. Gallant ddechrau gyda **Ble? Pwy? Pryd?** Ond wrth ateb cwestiynau agored bydd disgybl yn meddwl, yn rhesymu ac yn cymhwyso gwybodaeth er mwyn ateb. Gallant ddechrau gyda **Pam? Sut?** Gellir holi mwy nag un cwestiwn i'r un disgybl hefyd er mwyn cael ymateb ymestynnol.

Dylid **fframio cwestiynau** i bwrpas, e.e. gofyn cwestiwn sy'n ceisio eglurhad, sy'n procio rheswm a thystiolaeth, sy'n canfod y gwrthwyneb, neu gellir rhoi'r ateb a gofyn sut y daethpwyd iddo?

Fframio Cwestiynau

Adfyfyrio	A oes rhywun wedi newid ei feddwl? Sut wyt ti'n teimlo o glywed hyn? Beth yw dy ymateb o weld bod dull arall o gyflawni hyn?
Barn/Safbwynt	'Mae gormod o wyliau ysgol.' Beth ydy dy farn di am hyn? Beth yw dy deimladau di am fwlian? A oes safbwyntiau gwahanol i'w cael ar y pwnc hwn?
Casglu Gwybodaeth	Beth rydych wedi ei ddysgu am effeithiau'r Pla Du o ffynonellau A ac C? Pa wybodaeth sydd yn y darnau am gynhesu byd eang? A oes gwybodaeth y gallwch ei hychwanegu o'r we am lwyddiannau Shane Williams?
Crynhoi	Wrth grynhoi eich argraffiadau soniwch pa brofiadau neu ddelweddau fydd yn aros yn y cof. Beth yw prif gamau'r arbrawf ? A allwch chi grynhoi prif ddigwyddiadau'r darn?
Casgliad	Ar ôl pwyso a mesur yr holl ddadleuon beth yw eich casgliad fel grŵp? Beth allwch chi gasglu am berfformiad y gerddorfa o'r symffoni hon? A ydym gam yn nes at y gwir?
Cysylltu	Sut mae hyn yn berthnasol i…? Beth petaem yn ychwanegu'r cemegyn hwn i'r sylwedd? A oes sefyllfaoedd tebyg yn codi mewn gwledydd eraill yn y byd? A oes profiad gennyt ti o hyn? A ddarllenodd neu a welodd un ohonoch rywbeth tebyg ?
Darogan/Rhagweld	Pe byddai hyn yn digwydd beth fyddai'r canlyniadau? Beth dybiwch chi fydd yn digwydd nesaf? Ydych chi yn gallu rhagfynegi adweithedd rwbidiwm?
Dadansoddi	Beth sydd wrth wraidd ymddygiad o'r fath? Pa fath o berthynas sydd rhwng y ddau gymeriad? Pa ffactorau sy'n gyfrifol am berfformiad aruchel y tîm hwn?

Esbonio	All rhywun esbonio hyn ymhellach?
	Sut mae switsh syml yn gweithio?
	Pa un o'r ffeithiau hyn sydd fwyaf perthnasol i chwi? Pam?
	Beth fydd meini prawf llwyddiant yr erthygl?
Enghreifftio	A oes gennych enghreifftiau o...?
	Beth am feddwl am esiamplau o hyn?
	Pa enghreifftiau eraill sydd gennym o derfysgoedd yn y byd?
Gwahaniaethu	Beth yw'r gwahaniaeth rhwng...?
	Sut mae anifeiliaid a phlanhigion yn wahanol yn eu ffordd o gael bwyd?
	Pa elfennau sydd yn debyg rhwng y ddau?
Gwerthuso	Beth ddysgoch chi...?
	Pa sgiliau newydd yr ydych wedi eu defnyddio i wneud y dasg?
	Gwerthuswch eich perfformiad.
Gwrthbrofi	Sut allwn ni wrthbrofi hyn?
	Oes dadl gan rywun i chwalu'r gred hon?
	Pa broses allech chi ei defnyddio i ddangos bod hyn yn anghywir?
	Sut fyddai'r garfan hon o bobl yn ymateb i hyn?
Holi	Oes gan unrhyw un gwestiwn?
	A hoffet ti gynnig sylw arall?
	A oes gwell ffordd o gyflawni'r dasg hon?
Myfyrio	Dewch i ni feddwl ac ystyried hyn am eiliad...
	Ystyriwch a ydych wedi ateb y meini prawf.
	Pa ffaith sydd wedi'ch synnu chi fwyaf?
	Sut ydych chi'n teimlo ar ôl gweld y llun?
Profi	Oes modd cadarnhau hyn?
	A oes gwirionedd yn y sylw hwn?
	Sut elli di brofi mai dyma'r arbrawf cywir i'w gynnal?
Rhesymau	Pa resymau sydd gennyt dros ddweud hynny?
	Rhowch un rheswm pam na fydd cwestiwn 1 yn rhoi canlyniad a fydd yn adlewyrchu barn y bobl leol.
	Beth am gynnig rheswm i gadarnhau dy farn?
Tystiolaeth	Pa dystiolaeth sydd gennyt i gefnogi dy farn?
	A yw'r wybodaeth yn y graff yn cadarnhau dy ganfyddiad?
	Pa dystiolaeth sydd yn yr erthygl i danlinellu bod y blaned mewn perygl?

3. Rhoi adborth ar lafar ac yn ysgrifenedig yn cynnwys targedau ystyrlon unigol:

Mae angen i'r adborth llafar ac ysgrifenedig gynnwys sylwadau adeiladol sy'n nodi cryfderau a thargedau penodol ar sut i wella mewn iaith addas i allu'r disgybl. Dylai'r sylwadau fod yn seiliedig ar yr amcanion dysgu a'r meini prawf a osodwyd a dylid rhoi amser digonol i ddisgyblion ystyried y sylwadau a wnaed, gwneud cywiriadau a defnyddio'r adborth er mwyn gwella eu gwaith.

Iaith Dargedu

Rhan annatod o'r broses gosod targedau yw bod yr athro yn gosod targedau i sicrhau cynnydd yng ngwaith y disgybl.

Berfau Perthnasol Targedu (i'r athro) Modd Gorchmynnol	
Ffurfiau cwmpasog	Ffurfiau cryno (Ti)
Mae'n rhaid i ti ddarllen	Darllena
Mae'n rhaid i ti ysgrifennu	Ysgrifenna
Mae'n rhaid i ti esbonio	Esbonia
Mae angen i ti sicrhau	Sicrha dy fod yn …
Mae angen i ti drefnu	Trefna dy waith …
Mae angen i ti adolygu	Adolyga'n drwyadl …
Mae angen i it geisio	Ceisia
Mae angen i ti wirio	Gwiria
Mae angen i ti roi	Rho

Fel arfer targedir disgybl trwy ei orchymyn **neu** ei gymell a hynny naill ai ar ffurf pwyntiau cryno neu orchymyn neu trwy ei gymell yn uniongyrchol.

Pwyntiau cryno

- **Adolygu** ymadroddion chwarae rôl ar gyfer yr arholiad llafar.
- **Parhau** i ddarllen nofelau i gyfoethogi geirfa a syniadau.
- **Sicrhau** bod safon y gwaith graffeg yn cyfleu'r syniadau'n glir.

Y modd gorchmynnol

- **Darllena** nodiadau 'Yr Almaen 1918-90' er mwyn cynyddu dealltwriaeth o destunau anodd fel 'gorchwyddiant'.
- **Benthyca** gylchgronau Ffrangeg i ddarllen dros y gwyliau er mwyn adolygu geirfa.
- **Cofia** ddod â'r wisg addysg gorfforol gywir i bob gwers.

neu

Cymell y disgybl yn uniongyrchol

- **Mae angen i ti** sicrhau dy fod yn ateb gofynion y cwestiwn yn fanwl.
- **Dylet ti** ymestyn dy sylwadau a defnyddio mwy o dystiolaeth i gefnogi dy farn.
- **Byddet** yn elwa o adolygu gwaith rhif ac onglau.

Iaith Dargedu (athrawon)

Adolyga...	Anela at...	Beth am ...	Byddai'n fuddiol i ti...
Byddai'n werthfawr i ti ...	Byddet yn elwa ...	Cofia...	Ceisia...
Defnyddia...	Dy brif darged yw ...	Dylet...	Er mwyn cyrraedd...
Mae'n rhaid...	Fe fyddet ti yn elwa o...	Gallet ti ...	Gweithia nawr at ...
Gyda mwy o ... gallet ti ...	Gwylia dy fod ...	Gwna'n siŵr dy fod ...	Hoffwn dy weld...
Mae angen iti...	I gyrraedd lefel uwch...	Mae'n rhaid i ti...	Manteisia ar ... i ...
Mwy o... sydd angen i...	Os am...mae'n rhaid...	Mantais fawr i ti fyddai ...	Rhaid anelu nawr at...
Rhaid iti feistroli...	Sicrha dy fod yn...	Tanlinella...	Trefna...
Targed pwysig yw...	Ymchwilia ...	Targed mae'n rhaid ei gyrraedd yw...	
Targed y mae'n rhaid i ti weithio arno yw ...		Ymhlith yr holl dargedau yr un pwysicaf i ti yw...	
Byddai rhoi sylw i ... yn sicr o wella ...		Dy nod yn ystod y tymor nesaf yw...	
Fe welet welliant mawr petaet yn...		I ddatblygu dy waith ymhellach rhaid...	
O ganolbwyntio ar... fe allet ti		Mae'n rhaid canolbwyntio ar...	

Iaith Dargedu (athrawon) ar Waith

Enghreifftir amrywiaeth o'r ffurfiau uchod: cymell yn uniongyrchol, pwyntiau cryno a'r modd gorchmynnol.

Cymraeg/Saesneg

➤ **Mae angen i ti** gasglu syniadau a chynllunio dy draethodau'n fwy gofalus.

➤ **Gwna'n siŵr dy fod yn darllen** dros y gwaith i wirio rheolau atalnodi a sillafu.

➤ **Ystyried** safbwyntiau gwahanol cyn pwyso a mesur a dod i gasgliad wrth fynegi barn.

Dylunio a Thechnoleg

➤ **Mae angen i ti wella'r** defnydd o derminoleg DT.

➤ **Ceisia** ddefnyddio gwahanol ddulliau o gyfathrebu gwybodaeth a syniadau, e.e. lluniadu isometrig, dylunio trwy gymorth cyfrifiadur (CAD) a phensiliau lliw.

➤ Pwyntiau da ar y cyfan ond i gyrraedd safon uwch **mae'n rhaid i ti** wirio dy waith cyn ei gyflwyno er mwyn cywiro camsillafu.

➤ **Gwylia** nad wyt yn dechrau brawddegau gyda: A, Neu, Achos

➤ **Mae angen iti gwblhau** cynllun gwaith manwl cyn sesiwn ymarferol.

➤ **Gweithio'n** annibynnol wrth ddilyn cyfarwyddiadau rysáit.

Hanes

➤ **Mae angen i ti** sicrhau dy fod yn sillafu geiriau a thermau hanesyddol yn gyson gywir, e.e. Chwyldro Diwydiannol/terfysgoedd/deddfau/ffynhonnell.

➤ **Osgoi** atebion cyffredinol ac arwynebol. I gyrraedd lefel uwch **mae'n rhaid i ti** ateb yn fanwl a sicrhau tystiolaeth gadarn i gefnogi dy ddealltwriaeth.

➤ **Rhaid i ti** osod gwell trefn ar dy waith. **Cofia** hefyd baragraffu er mwyn i ti fedru gweld datblygiad pendant yn dy waith.

➤ **Sicrha** dy fod yn cefnogi gwybodaeth y ffynhonnell gyda gwybodaeth gefndirol dy hun.

Technoleg Gwybodaeth

➤ **Gwella** defnydd o eirfa TGCh.

➤ **Angen defnyddio** gwahanol nodweddion y pecyn meddalwedd i sicrhau dy fod yn ymateb i ofynion y dasg.

Drama

➤ **Rho sylw i** eglurder y llefaru – yn arbennig lefel sain, goslef a chyflymder y siarad er mwyn gwella dy berfformiad.

➤ **Ail ddarllen** y dramâu gosod yn ofalus iawn gan ganolbwyntio ar unrhyw adrannau o'r ddrama sy'n peri anhawster.

➤ **Adeiladu mwy** o fanylder wrth greu cymeriadau gan gofio am osgo, ystumiau, llais addas, symudiadau'r cymeriad.

Gwyddoniaeth

➤ **Rhaid iti feistroli** termau gwyddonol gan sicrhau dy fod yn eu sillafu'n gywir a deall eu hystyron.

➤ **Ymarfer** dy ddefnydd o rifedd drwy ganolbwyntio ar ddehongli data a gwaith graff graenus.

➤ **Gwna'n** siŵr dy fod yn trafod dy ddarganfyddiadau gyda dy gyfoedion i gadarnhau eu dilysrwydd.

➤ **Gwella'r** sgìl o werthuso gan ystyried cryfder y dystiolaeth sydd gennyt.

Mathemateg

➤ **Mae angen iti** adolygu dy waith arwynebedd.

➤ Er mwyn gwella marciau dy brofion **dylet** baratoi yn fwy trylwyr gan ddefnyddio gwaith dosbarth a thasgau gwaith cartref fel adnoddau adolygu.

➤ Os wyt yn talgrynnu dy ateb, **cofia** ddweud sut wyt wedi gwneud hyn, e.e. ' i un lle degol'.

➤ **Cofia** ddangos dy waith cyfrifo gan gynnwys esboniadau clir. Bydd marciau ar gael am hyn mewn arholiadau.

Daearyddiaeth

➤ **Gwna'n** siŵr dy fod ti'n labelu mapiau'n ofalus.

➤ **Angen** cefnogi disgrifiadau gyda data er mwyn ysgrifennu'n fwy manwl.

➤ **Tanlinella** eiriau allweddol yn y cwestiwn er mwyn ateb y gofynion yn fwy gofalus.

Ieithoedd Modern

➤ **Defnyddia** dy dabl berfau bob tro rwyt ti'n paratoi gwaith ysgrifenedig.

➤ **Gwna** 15 munud o ymarferion gwrando gartref bob wythnos.

➤ **Cofia** ddefnyddio'r patrymau brawddegau wrth baratoi ar gyfer profion llafar.

➤ **Anela** at gynnwys 3 ymadrodd newydd ymhob darn o waith.

Celf a Dylunio

➤ **Mae'n rhaid i ti** arbrofi mwy gydag offer a deunyddiau i gynhyrchu gwaith mwy diddorol.

➤ **Anelu** at ddatblygu mwy o syniadau gwreiddiol a diddorol.

➤ **Dangosa** fwy o fanylder yn dy waith arsylwadol.

➤ **Trefnu** gwaith yn fwy gofalus gan gymryd mwy o ofal ac amser wrth liwio, peintio, modelu. Mae angen dilyn canllawiau yn ofalus.

Astudiaethau Crefyddol

➤ **Mae'n rhaid i ti** weithio ar y sgìl o fynegi barn bersonol gan sicrhau dy fod yn cyflwyno mwy nag un safbwynt.

➤ **Angen** rhoi enghreifftiau penodol o'r ffyrdd bydd credoau, dysgeidiaethau ac arferion crefyddol yn effeithio ar fywydau credinwyr.

Seicoleg

➤ **Mae'n rhaid iti ffurfio** tabl yn crynhoi dulliau gweithredu pob astudiaeth.

➤ **Ymchwilia** i nodau a chyd-destun pob astudiaeth craidd.

➤ **Ystyried** creu map o brif syniadau damcaniaethau amrywiol.

Astudiaethau'r Cyfryngau

➤ **Hoffwn** dy weld yn dadansoddi testunau cyfryngol yn fanylach.

➤ **Gwna**'n siŵr dy fod yn parhau i gynyddu dy ddefnydd o dermau'r pwnc yn dy waith.

➤ **Parhau** i ymestyn dy brofiadau cyfryngol trwy ddarllen a gwylio amrywiaeth o destunau.

➤ **Anelu** at gynnwys damcaniaethau pwrpasol yn y gwaith er mwyn dangos dealltwriaeth o gysyniadau.

Bugeiliol

➤ **Sicrhau** presenoldeb cyson yn yr ysgol ac osgoi cyrraedd yn hwyr i wersi.

➤ **Cadw** at ddyddiadau cau gwaith cartref a gwaith cwrs.

➤ **Ymarfer** hunanddisgyblaeth yn y gwersi gan anelu at beidio ag amharu ar waith eraill a chofio gwrando'n astud ar gyfraniad pawb.

➤ **Dal ati** i weithio'n gyson a chydwybodol ac anelu at lefel uwch o gyrhaeddiad eto.

Marcio

Dylai adborth cadarnhaol a chyson gryfhau cymhelliant y disgyblion. Wrth farcio ni ddylid gor-gywiro, mae hyn yn tanseilio hyder yr unigolyn. Rhaid canolbwyntio ar gywiro rhai gwallau ar y tro. Rhaid meddwl felly am y gwallau yn nhrefn blaenoriaeth ac yn unol â gallu'r disgybl. Gellir defnyddio llythrennau neu symbolau yn ymyl y ddalen neu ar y gwaith ei hun sy'n ddealladwy i'r disgyblion ac yn unol â pholisi marcio'r ysgol/adran.

Wrth ddrafftio gwaith gall disgyblion farcio eu gwaith unigol ynghyd â gwaith eu cyfoedion yn adeiladol. Bydd hyn yn eu gwneud yn llai dibynnol ar yr athro/athrawes ac yn meithrin cyfrifoldeb dros gywirdeb ieithyddol. Bydd y disgybl felly yn fwy tebygol o sylwi ar y cywiro. Anogir iddynt wneud hyn drwy ddefnyddio pensil.

Côd Marcio

S / ⬭	Cam sillafu (geiriau syml a thermau pynciol)
▭	Atalnodi (atalnod llawn, priflythrennau)
P //	Paragraff newydd
Uwcholeuo	Ail ysgrifennu un frawddeg flêr
Cyst /	Gwall cystrawen
Tr ‿	Cam dreiglad: gosod bwa rhwng dau air i ddynodi'r treiglad, e.e. fy gwaith
( )	Berf anghywir
I.S.	Idiom Saesneg
G.S.	Gair Saesneg
✓✓	Sylwadau da

Arferion da

- Annog disgyblion i wirio a golygu eu gwaith eu hunain/cyfoedion cyn ei gyflwyno i'r athro
- Uwcholeuo 5 gwall i'w cywiro
- Gwneud un dymuniad ieithyddol wrth ddilyn polisi Dwy Seren a Dymuniad
- Defnyddio Cysill
- Ail ysgrifennu un frawddeg flêr

4. Hunanasesu gan werthuso'r dysgu a'r cynnydd:

Mae'r broses o hunanasesu ac asesu cyfoedion yn sgìl arbennig sydd angen ei haddysgu a'i datblygu dros gyfnod o amser fel bo'r broses yn gwreiddio. Dylai disgybl gael y cyfle i osod ei dargedau ei hunan ar ôl iddo fwrw golwg yn ôl dros ei waith gan drafod ei waith ei hunan a'i gyfoedion gan nodi ffyrdd i wella ac ailddrafftio. Unwaith eto mae angen **bwydo patrymau iaith ac ymadroddion** i'r disgyblion sy'n cyfrannu wrth gwrs at ansawdd eu sylwadau.

Iaith Dargedu (y Disgybl)

Bwriadaf ganolbwyntio …	Byddai o fudd i mi …	Byddai'n syniad da i mi…
Doeddwn i ddim …	Dydw i ddim …	Dylwn i ganolbwyntio ar …
Dylwn ofyn …	Dylwn adolygu …	Gallwn wella ar…
Gweithiais yn …	Gallaf …	Hoffwn anelu at …
Hoffwn gyrraedd safon uwch…	Fy amcan nawr yw…	Fy nharged i yw …
Fy mwriad yw …	Mae angen i mi ofyn …	Mae angen sylw ar…
Mae'n bwysig fy mod yn …	Mae'n rhaid i mi anelu at…	Mae'n rhaid i mi sicrhau
Mwy o … sydd angen i gyflawni …	Ni theimlaf …	Pe bawn i'n … gallwn …
Pwysig yw fy mod …	O ymarfer … yn rheolaidd gallwn …	Rhaid i mi ddysgu …
Rhaid sicrhau fy mod yn …	Rwy'n bwriadu …	Rwy'n benderfynol o …
Rwy'n mynd i roi o'm gorau glas i …	Rwy'n mwynhau …	Syniad da fyddai…
Teimlaf y gallwn …	Un o fy nhargedau yw …	Yn ystod y tymor nesaf rhaid yw …
Targed mae'n rhaid ei gyrraedd yw …	Teimlaf fod angen i mi …	
Targed y mae'n rhaid imi ei gyflawni yw …	Er mwyn cyrraedd y targed mae'n rhaid i mi …	
I ddatblygu fy ngwaith ymhellach mae'n rhaid i mi…	O gael gwared o'r gwall … byddwn yn medru…	
O ganolbwyntio ar … gwelwn fy ngwaith yn …	Rhaid gweithio'n galed (ar/i … /er mwyn)	
Targed yr wyf wedi gosod i mi fy hun yw …	Yn ystod yr wythnosau nesaf fy nod yw …	

Iaith Dargedu ac Iaith Cyrhaeddiad a Chyflawniad (y Disgybl) ar Waith

Hanes

➤ Mae'r gwersi'n ddiddorol iawn ac yn sicr yn ennyn fy niddordeb yn y pwnc. Mae'r uned hon wedi bod yn heriol a rhaid i mi ganolbwyntio ar adolygu'r uned yn fwy trwyadl os wyf am lwyddo.

➤ **Mae'n rhaid i mi ddysgu'r** gwahaniaeth rhwng ffynhonnell eilaidd a ffynhonnell gynradd.

➤ **Teimlaf** fod angen i mi ddadansoddi'r ffynonellau yn fanylach.

➤ **Mae angen i mi fod** yn fwy perthnasol wrth ddewis gwybodaeth i ateb cwestiwn ac ymateb yn fwy uniongyrchol i ofynion y dasg. **Rwy'n tueddu** i orlwytho gwybodaeth wrth ymateb, **felly teimlaf fod angen bod** yn fwy cryno.

➤ **Un targed yw** defnyddio ffynonellau'n amlach i gefnogi fy nghasgliad a'm barn.

Addysg Grefyddol

➤ **Mae angen** i mi gymharu fy nghredoau gyda chredoau eraill.

➤ **Byddai o fudd** imi ddefnyddio mwy o ffynonellau gwybodus i gyflwyno tystiolaeth a datblygu ymatebion priodol i gwestiynau sylfaenol.

Cymraeg

➤ **Rhaid i mi baratoi'n** fanwl ar gyfer y dasg cyflwyno gwybodaeth ar lafar. **Mae angen i mi** wneud gwaith ymchwil manwl a sicrhau gwybodaeth ddigonol ar bob agwedd o'r pwnc.

➤ **Pe bawn yn darllen mwy o** nofelau Cymraeg byddai hyn yn gymorth i mi ehangu fy ngeirfa ac yn rhoi syniadau newydd imi i'w defnyddio mewn gwaith ysgrifenedig.

➤ **Mae'n bwysig fy mod i'n canolbwyntio** i godi safon fy iaith lafar. **Fy nharged felly yw** peidio â bod yn ddiog wrth siarad, osgoi geiriau Saesneg ac anelu at siarad yn fwy safonol a chywir.

Saesneg

➤ **Mae'n rhaid i mi ddarllen** nofelau Saesneg yn aml a chanolbwyntio yn enwedig ar *Macbeth* er mwyn i mi ddeall y plot a gallu dadansoddi nodweddion y cymeriadau'n fanwl.

➤ Gan fy mod yn berson swil, **mae angen i mi** fagu mwy o hyder i gyfrannu'n rheolaidd mewn trafodaethau dosbarth. Byddai hyn yn fy helpu i ddod yn berson mwy hyderus.

Mathemateg

➤ Wrth edrych yn ôl ar fy ngwaith alegbra **teimlaf** fod gennyf afael ar ddatrys hafaliadau ond mae angen sylw ar amnewid mewn ffromiwla. Rwy'n anhapus gyda fy marc yn y prawf ac am ail-sefyll hwn. **Rhaid imi** ymarfer fy sgiliau rhif drwy ddefnyddio unedau cywir, rhifau cymedr a lle degol.

➤ **Teimlaf fod yn rhaid i mi** ymarfer ac adolygu fy sgiliau ad-drefnu fformiwlâu gan mai dyma yw gwendid fy ngwaith algebra ar hyn o bryd.

➤ **Rhaid** imi fod yn ofalus a manwl gywir wrth luniadu graffiau a diagramau.

➤ **Dylwn** gofio cynnwys unedau wrth ysgrifennu atebion.

Gwyddoniaeth

➤ **Fy nharged** am yr wythnos nesaf yw cwblhau'r gwaith ymchwil mor fanwl â phosibl.

➤ **Rhaid imi** ymarfer fy sgiliau rhif drwy ddefnyddio unedau cywir, rhifau cymedr a lle degol.

➤ **Dylwn i dreulio** mwy o amser yn dysgu geirfa gwyddonol. Byddai hyn yn o fudd imi ddisgrifio ac esbonio cysyniadau gwyddonol yn well.

Ieithoedd Modern

➤ **Byddai** dysgu 10 gair newydd yr wythnos yn siŵr o wella fy ngeirfa Ffrangeg.

➤ **Mae angen i mi** gyfoethogi fy iaith Almaeneg trwy anelu at ddefnyddio 3 idiom newydd ym mhob tasg lafar.

➤ **Mae'n bwysig** fy mod yn defnyddio'r banciau geirfa/adolygu geirfa'r uned cyn cyflwyno tasg i wella fy ngwaith.

Addysg Gorfforol

➤ Mae fy ngwaith ymarferol yn dda ond **fy nharged nawr yw** canolbwyntio ar y gwaith theori achos dyma lle rwyf yn tangyflawni.

➤ **Targed y mae'n rhaid i mi** weithio arno yw gwella fy sgiliau pêl-rwyd. **Rwy'n anelu nawr at** fynd i'r clwb pêl-rwyd yn amlach.

➤ **Mae'n rhaid i mi gofio** dod â'r cit cywir i'r gwersi er mwyn ymuno ymhob gweithgaredd a gwella fy sgiliau corfforol.

Astudiaethau'r Cyfryngau

➤ **Bwriadaf** adolygu terminoleg y pwnc yn fwy trwyadl.

➤ **Targed y mae'n rhaid i mi weithio arno** yw gwella fy sgiliau TGCh er mwyn golygu ffilmiau yn fwy safonol.

➤ **Deallaf** fod rhaid imi ddehongli cwestiynau'n fwy gofalus er mwyn gwella ansawdd yr atebion.

➤ **Dylwn** wylio a darllen mwy o destunau cyfryngol er mwyn ehangu fy ngwybodaeth.

Iaith Cyrhaeddiad a Chyflawniad (Yr Athro) ar waith

Mae cyrhaeddiad a chyflawniad yn eiriau addysgol allweddol. Camp athro yw canfod y tir canol rhwng cywair iaith dechnegol pwnc ac eto cywair iaith sy'n berthnasol i'r disgybl a'r rhieni'n gyffredinol. Rhaid felly trosglwyddo cyrhaeddiad a chyflawniad i'r disgybl mewn iaith ystyrlon, effeithiol ac eto'n ddealladwy.

Mae dwy gynulleidfa i adroddiad:

- y disgybl (ti)
- y rhiant (eich plentyn chi, ef/hi)

Oni ddylai adroddiad effeithiol ystyried ac ateb gofynion y ddau?

Ystyriwch y gynulleidfa bod tro:

i) ar gyfer y disgybl defnyddir berfau ail berson unigol **(Ti)**

ii) ar gyfer y rhiant defnyddir berfau 3^{ydd} person unigol **(Fo/Hi/Fe)**

Daearyddiaeth

i) Da iawn Carys. **Rwyt ti** wedi ymdrechu'n gyson trwy gydol y flwyddyn. **Cyflwynaist** waith o safon uchel. **Rwyt ti'n gallu** deall a defnyddio sgiliau penodol wrth ymchwilio a **dechreuaist** esbonio sut mae prosesau daearyddol yn gallu effeithio ar yr amgylchedd.

ii) **Mae gan** Carys ddealltwriaeth o'r pwnc ac mae safon ei hymateb ar lafar yn y dosbarth, ei gwaith ysgrifenedig a'i gwaith cartref yn dda iawn. **Gall** esbonio a disgrifio prosesau ffisegol a disgrifio lleoedd yn glir.

Cerddoriaeth

i) **Gweithiaist** yn ddyfal eleni Bethan a **chyfrannaist** yn ddeallus i waith y dosbarth. Mae safon dy waith perfformio yn dangos ôl paratoi manwl bob amser.

ii) **Dangosodd** gwaith gwerthuso a chyfansoddi Bethan gryn aeddfedrwydd eleni ac fe **gafwyd** syniadau arbennig ganddi. Fe'm **plesiwyd** yn fawr gan safon uchel ei phapur gwerthuso yn ddiweddar.

Mathemateg

i) **Rwyt** yn ddisgybl bywiog a dymunol Steffan, ac wedi gwneud gwaith boddhaol ar adegau yn ystod y flwyddyn. **Llwyddaist** i ddefnyddio a dehongli diagramau mathemategol.

ii) **Mae Steffan yn gallu** trafod ei waith ar lafar ac esbonio ei ffordd o resymu'n glir. Siomedig serch hynny **fu** ei ymroddiad i gwblhau tasgau gwaith cartref yn brydlon.

Hanes

i) **Rwyt** wedi gweithio'n ddyfal a chydwybodol Bethan ac mae dy awydd i lwyddo'n amlwg.

ii) **Mae** Bethan yn cynhyrchu gwaith manwl a chywir sy'n dangos dealltwriaeth dda o achosion a chanlyniadau'r Chwyldro Diwydiannol.

Saesneg Iaith

i) **Gweithiaist** yn gydwybodol Gareth ym mhob agwedd o'r pwnc. **Rwyt ti'n gallu** cyfrannu'n hyderus a phwrpasol ar lafar gan drafod gwybodaeth yn ymestynnol ac yn aeddfed ac **rwyt ti'n defnyddio** iaith safonol a chyfoethog.

ii) **Mae** Gareth yn ymateb yn dreiddgar i ddeunydd darllen a **gall** ddadansoddi cymeriadau, themâu ac elfennau arddull ac iaith yn synhwyrus. **Amlygir ei** ddawn i ysgrifennu'n greadigol ac **arddangosa** syniadau gwreiddiol a gafael ar ffurfiau amrywiol.

Celf

i) Ardderchog Siân. **Rwyt** yn ddeheuig a dyfeisgar iawn wrth ymarfer sgiliau a thrin deunyddiau gan arddangos lefel uchel o hunanddisgyblaeth a blaengaredd. Braf yw nodi'r ffaith **dy fod** yn ymateb mewn modd personol iawn, sy'n dangos lefel ardderchog o ddychymyg.

ii) **Ymatebodd** Siân yn wych i'r elfen ddadansoddol gan gynhyrchu gwaith trylwyr a gofalus, ac mae'n arbrofol a gwreiddiol wrth ymdrin ag offer a thechnegau.

Gwyddoniaeth

i) **Rwyt** yn cyflwyno gwaith safonol bob amser. **Rwyt ti'n gallu** dwyn i gof amrywiaeth eang o wybodaeth wyddonol o bob rhan o'r maes llafur.

ii) **Mae Tomos yn defnyddio** a chymhwyso'i ddealltwriaeth wyddonol mewn amryw o gyd-destunau. **Gall** ddadansoddi gwybodaeth amrywiol mewn sawl ffordd, e.e. graffiau, tablau a hafaliadau.

Iechyd a Gofal

i) **Dangosaist** ymdrech a pharodrwydd i weithio drwy'r flwyddyn. **Cyflwynaist** waith o safon uchel ac rwyt yn arddangos y gallu i drefnu dy waith.

ii) Braf gweld datblygiad a chynnydd yn **ei** gwaith ers dechrau'r cwrs yn arbennig o ran technegau ymchwilio a dadansoddi.

Astudiaethau Crefyddol

i) **Rwyt** yn ddisgybl cwrtais Dafydd sydd wedi gwneud cynydd pendant yn ystod y flwyddyn.

ii) **Gall** Dafydd gyflwyno gwaith safonol a chynhwysfawr ar yr agweddau crefyddol gan fynegi barn aeddfed a synhwyrol ar yr amyrwiaeth o bynciau moesol.

Astudiaethau'r Cyfryngau

i) **Rwyt ti** wedi gweithio'n gydwybodol gan ddangos dealltwriaeth o gysyniadau'r cyfryngau yn drywadl.

ii) **Mae** gan Sarah ymwybyddiaeth feirniadol o'r dulliau a ddefnyddir i ddadansoddi testun. **Ceir** cyfeiriadau yn ei gwaith at ddamcaniaethau cymhleth ac ymestynnol.

Seicoleg

i) **Mae** dy waith astudio annibynnol i'w ganmol a braf yw nodi dy fod yn gallu disgrifio dulliau gweithredu yr astudiaethau craidd yn foddhaol.

ii) **Gall** Catrin ddisgrifo nod a chyd-destun pob astudiaeth yn dda a gwerthuso agweddau o'r fethodoleg.

Iaith Arholi

Rhan annatod o'r broses ddysgu ac addysgu yw gafael a dealltwriaeth o iaith a thermau arholiad. Cynigir isod rhestr o eiriau/termau arholi defnyddiol sy'n gyffredin ar draws pynciau'r cwricwlwm. Mae rhai o'r rhain yn gorffen gydag **-wch** ac yn dweud wrthych beth i'w wneud.

TERM	YSTYR
A	
Adolygu – Adolygwch	Ymateb yn feirniadol gan drafod rhinweddau a diffygion.
Adrodd – Adroddwch	
Angenrheidiol	Yn bwysig iawn
Amcangyfrif – Amcangyfrifwch	Rhoi syniad bras neu syniad rhesymegol; y cyfrif agosaf
Amlinellu – Amlinellwch	Rhoi syniad bras, prif bwyntiau.
Anfantais	Y pethau hynny sy'n gwneud drwg, niwed, sy'n golled. Rhywbeth nad sydd o fantais.
Archwilio – Archwiliwch	Edrych ar rywbeth yn agos neu ymchwilio iddo.
Asesu – Aseswch	Ystyried yn fanwl, pwyso a mesur
Astudio – Astudiwch	Mae angen edrych yn fanwl
Ateb – Atebwch	
Awgrym – Awgrymwch	Dweud yr hyn yr ydych yn ei feddwl
B	
Beirniadu – Beirniadwch	Dadansoddi ac yna llunio barn neu fynegi safbwynt. Gallech ddangos y pwyntiau da a'r pwyntiau drwg.
Brasamcanwch	Rhoi'r syniad cyffredinol neu'r rhif agosaf. Rhoi ateb sy'n weddol agos ati.
Braslunio – Brasluniwch	Gwneud amlinelliad; gwneud darlun sy'n dangos y prif nodweddion heb fanylu
C	
Casglu – Casglwch	
Cefnogi – Cefnogwch	
Ceisio – Ceisiwch	
Cofio – Cofiwch	

Cofnodi – Cofnodwch	
Creu – Crëwch	
Croesi – Croeswch	
Crynhoi – Crynhowch	Casglu prif syniadau at ei gilydd.
Cwblhau – Cwblhewch	Gorffen rhywbeth – llun, darn
Cyfansoddi – Cyfansoddwch	Creu rhywbeth gwreiddiol
Cyfatebu – Cyfatebwch	Trafod beth sy'n debyg
Cyfeirio – Cyfeiriwch	Cyfeirio at rywbeth gan ddefnyddio ffeithiau o lun, testun, map wrth ateb
Cyferbynnu – Cyferbynnwch	Gweld beth sydd yn wahanol rhwng pethau, gwahaniaethu
Cyfiawnhau – Cyfiawnhewch	Rhoi rhesymau dros/i gefnogi casgliad
Cyfieithu – Cyfieithwch	
Cyflwyno – Cyflwynwch	
Cyfrifo – Cyfrifwch	Datrys – dod o hyd i ateb i broblem
Cymedroli – Cymedrolwch	Sicrhau cysondeb ar draws
Cymharu – Cymharwch	Gweld beth sydd yn debyg **ac** yn wahanol rhwng pethau
Cynhyrchu – Cynhyrchwch	Creu, llunio rhywbeth
Cynllunio – Cynlluniwch	
Cysylltu – Cysylltwch	Uno, dod â phethau/ffeithiau at ei gilydd
Cywiro – Cywirwch	

D

Dadansoddi – Dadansoddwch	Treiddio'n fanwl i destun gan chwilio am haenau gwahanol o ystyr
Dangos – Dangoswch	Mae angen dangos/egluro wrth ateb/nodi
Darganfod – Darganfyddwch	Dod o hyd i ateb
Darllen – Darllenwch	
Darparu – Darparwch	
Datblygu – Datblygwch	Dweud mwy, ehangu.
Datryswch	Dod o hyd i ateb i broblem
Defnyddio – Defnyddiwch	
Dehongli – Dehonglwch	Egluro yn eich geiriau eich hun, esbonio'r ystyr trwy ddefnyddio enghreifftiau a safbwyntiau
Dewis – Dewiswch	
Diffinio – Diffiniwch	Rhoi ystyr. Dylai hwn fod yn fyr
Dilyn – Dilynwch	
Disgrifio – Disgrifiwch	Rhoi llun mewn geiriau
Diweddaru – Diweddarwch	Moderneiddio
Dod i gasgliad	Penderfynu ar ôl rhesymu rhywbeth
Dweud – Dywedwch	
Dychmygu – Dychmygwch	Mae angen i chi gymryd arnoch, creu yn eich meddwl
Dyfalu – Dyfalwch	
Dyfynnu – Dyfynnwch	Tynnu geiriau o destun i gefnogi barn a chyfoethogi safbwynt
Dylunio – Dyluniwch	Cynllunio, llunio, paratoi patrwm

E

Edrych – Edrychwch	
Egluro – Eglurwch	Mae angen i chi wneud rhywbeth yn hawdd i'w ddeall ac yn glir
Ehangu – Ehangwch	Rhoi mwy o wybodaeth fanwl neu gwneud rhywbeth yn fwy
Enghreifftio – Enghreifftiwch	Dangos trwy esbonio a rhoi enghreifftiau
Enwi – Enwch	
Enrhifo – Enrhifwch	Cyfrifo
Esbonio – Esboniwch	Rhoi gwybodaeth a thrafod yn fanwl yn eich geiriau eich hun

FF

Ffactoriwch	e.e. $2a^2 + 6a + 4 = 2(a + 1)(a + 2)$
Ffurfio – Ffurfiwch	Gwneud, llunio

G

Gallu – Gallwch	
Gosod – Gosodwch	
Gwahaniaethu – Gwahaniaethwch	Dangos y gwahaniaeth, archwilio
Gwerthfawrogi – Gwerthfawrogwch	Trafod yn fanwl agweddau gwahanol
Gwerthuso – Gwerthuswch	Trafod gwerth, pwysigrwydd a photensial. Mae'n eithaf tebyg i ofyn i chi asesu rhywbeth
Gwneud – Gwnewch	
Gwirio – Gwiriwch	Gwneud yn siŵr bod eich ateb yn gywir
Gwrando – Gwrandewch	

H

Helaethu – Helaethwch	Gwneud yn fwy

L

Labelu – Labelwch	Rhoi geiriau i nodi'r elfennau, rhannau gwahanol
Llenwi – Llenwch	
Lluniadu – Lluniadwch	Tynnu llun
Llunio – Lluniwch	Creu rhywbeth

M

Mantais	Rhywbeth sydd o fudd, o gymorth, o werth
Manylu – Manylwch	Mae angen i chi ysgrifennu'n fanwl
Meddwl – Meddyliwch	
Mynd nôl – Ewch yn ôl	
Mynegi – Mynegwch	Dweud rhywbeth/syniad yn eich geiriau eich hunain

N

Nodi – Nodwch	Mae angen i chi ddweud y prif bwyntiau/ffeithiau

O

Olrhain – Olrheiniwch	Dilyn trywydd o'r man cychwynnol.

P

Parhau – Parhewch	
Peidio â – Peidiwch â	
Penderfynu – Penderfynwch	
Perfformio – Perfformiwch	
Plannu – Plannwch	
Profi – Profwch	Dangos ei fod yn wir, rhoi tystiolaeth.

Rh

Rhannu – Rhannwch	
Rhestru – Rhestrwch	Cofnodi ar ffurf rhestr. Byddai hyn fel arfer ar ffurf nodiadau heb unrhyw angen i fod yn ddisgrifiadol
Rhifo – Rhifwch	Mae angen i chi roi rhifau
Rhoi – Rhowch	

S

Sgwrsio – Sgwrsiwch	
Sôn – Soniwch	
Symleiddiwch	Mae angen i chi wneud rhywbeth yn fwy syml

T

Talgrynnu – Talgrynnwch	e.e. mae £3.99 yn ddigon agos i £4
Tanlinellu – Tanlinellwch	Mae angen i chi roi llinell o dan lun neu air neu frawddeg.
Ticio – Ticiwch	
Traethu – Traethwch	Rhoi gwybodaeth.
Trafod – Trafodwch	Dangos eich bod wedi deall yn fanwl yr hyn sydd mewn testun
Trawsfudo – Trawsfudwch	Symud a llithro i gyfeiriadau gwahanol
Trosi – Troswch	Troi un peth mewn i rywbeth arall
Tystiolaeth	Ffaith, dyfyniad, barn sy'n mynd i gefnogi eich pwynt
Tywyllu – Tywyllwch	Gwneud yn dywyll/lliwio'n dywyll

Y

Ychwanegol	Mwy
Ychwanegwch	Mae angen i chi ddweud mwy neu roi rhywbeth ychwanegol ar lun
Ymateb – Ymatebwch	Rhoi eich barn bersonol
Ymchwilio – Ymchwiliwch	Casglu a thrafod gwybodaeth

Ymdrin – Ymdriniwch

Ymhelaethu – Ymhelaethwch | Rhoi mwy o wybodaeth fanwl

Ysgrifennu – Ysgrifennwch

Ystyried – Ystyriwch | Meddwl am rywbeth (gwahanol agweddau) cyn ateb cwestiwn

Iaith Arholi ar Waith

Mathemateg

➤ **Tywyllwch** naw peg arall, fel y bydd y ddwy linell doredig yn llinellau cymesuredd.

➤ **Lluniadwch** y triongl yn fanwl gywir.

➤ **Amcangyfrifwch** bwysau person sydd â'i daldra yn 150 cm.

➤ **Cyfrifwch** gylchedd cylch o radiws 5.3 cm. **Talgrynnwch** eich ateb i 3 ffigur ystyrlon.

➤ **Datryswch** yr hafaliadau cydamserol canlynol drwy ddull algebraidd.

➤ **Dangoswch** eich holl waith cyfrifo.

➤ Gan ddefnyddio'r graff, **amcangyfrifwch** raddiant y gromlin.

Gwyddoniaeth

➤ **Nodwch y** ddwy elfen sydd mewn dŵr.

➤ **Rhagfynegwch** effaith cynyddu tymheredd ar gyfradd adwaith cemegol.

Daearyddiaeth

➤ **Cysylltwch** y termau canlynol â'u hystyr cywir drwy ysgrifennu'r llythrennau cywir ym mhob blwch.

➤ Bob blwyddyn mae miloedd o Fecsicanwyr yn gadael y wlad ac yn mudo i ddinasoedd fel Dinas Mecsico. **Esboniwch** y rhesymau dros hyn yn ofalus. **Dylech** ysgrifennu am y ffactorau gwthio a'r ffactorau tynnu.

➤ **Cwblhewch** y map trwy labelu'r llinellau lledred canlynol…

Dylunio a Thechnoleg

➤ **Brasluniwch** eich cynnyrch a'i labelu i ddangos lle mae'n bodloni eich manyleb ddylunio. **Disgrifiwch** ddwy ffordd o leihau'r gwastraff wrth greu eich cynnyrch.

➤ **Esboniwch** y dylanwad a gafodd y dylunydd a astudioch ar y byd dylunio.

➤ **Eglurwch** pam y byddai perchennog tŷ bwyta yn prynu offer i'r gegin o wahanol godau lliw.

➤ **Paratowch** gyflwyniad addas ar gyfer grŵp o fyfyrwyr arlwyo ar fwyta'n iach.

➤ **Trafodwch** a **gwerthuswch** y gwahanol ffyrdd i gadw caffeteria yn lân ac yn glir yn ystod cyfnod prysur.

Cymraeg CA4

➤ **Darllenwch** dair cerdd a wnaeth eich cynhyrfu neu eich gwylltio. **Crynhowch** gynnwys y cerddi. **Trafodwch** arddull a mesur un ohonynt a **dywedwch** paham yr apeliodd y gerdd atoch chi.

➤ **Trafodwch** ddwy olygfa o'r nofel sy'n cynnwys gwrthdaro a **nodwch** effaith y gwrthdaro hwn ar ddatblygiad y nofel.

Hanes

➤ **Disgrifiwch** gyflwr economi Prydain yn 1945.

➤ **Eglurwch** pam y digwyddodd Noson y Cyllyll Hirion ar 31 Mehefin 1934.

- ➤ **Cymharwch** ffynonellau A a C. **Trafodwch** sut y maent yn dangos newid yn agwedd yr Eidal tuag at yr Almaen.
- ➤ **Esboniwch sut** y creodd Peel Geidwadaeth Newydd yn y cyfnod 1830–1846.

Cerddoriaeth
- ➤ **Gwrandewch** yn ofalus ar y darn nesaf o gerddoriaeth a **rhowch** enw'r offeryn wrth y llun cywir.
- ➤ **Ysgrifennwch** hunanwerthusiad o'ch perfformiad diwethaf.

Ieithoedd Modern
- ➤ **Llenwch** y bylchau gyda'r geiriau cywir o'r bocs isod.
- ➤ **Darllenwch** y testun ac atebwch y cwestiynau yn Gymraeg.
- ➤ **Ticiwch** y 6 brawddeg gywir.
- ➤ **Rhowch** y llythyren gywir yn y bylchau cywir.
- ➤ **Gwrandewch** ar y bobl yn siarad a **nodwch** y wybodaeth angenrheidiol.

Addysg Gorfforol
- ➤ **Gwnewch** sylwadau ar yr elfennau ffitrwydd a ddefnyddir yn eich camp ddewisol.
- ➤ **Awgrymwch** bedwar rheswm i esbonio sut y gall cynnydd yn lefelau ffitrwydd corfforol gynorthwyo i wella perfformiad mewn camp o'ch dewis chi.

Iechyd a Gofal
- ➤ **Nodwch** dri math o weithiwr iechyd neu ofal cymdeithasol a allai fod yn rhan o ofal plant ifanc.
- ➤ **Trafodwch** effeithiau economaidd colli swydd ar deulu.
- ➤ **Eglurwch** y ffactorau a all gael effaith ar ddatblygiad emosiynol plentyn deng mlwydd oed.

Technoleg Gwybodaeth
- ➤ **Ticiwch** dri chymhwysiad yn y tabl isod sy'n defnyddio synwyryddion i fonitro data.
- ➤ **Enwch** un synhwyrydd arall y gellid ei osod ar y fraich robotaidd hon.
- ➤ **Rhowch** ddau ddull o storio yn barhaol y data sy'n cael eu casglu gan synwyryddion.
- ➤ **Disgrifiwch** sut y gall rhieni amddiffyn eu plant rhag peryglon y we.

Astudiaethau'r Cyfryngau
- ➤ **Amlinellwch** ddwy ffordd y caiff dramâu teledu fel *Waterloo Road* eu marchnata.
- ➤ **Nodwch** ddwy elfen nodweddiadol o fideos cerddoriaeth bop.
- ➤ **Astudiwch** yr olygfa agoriadol o ddrama hanesyddol y BBC *Great Expectations*. **Dadansoddwch** y darn gan dalu sylw i: codau gweledol, codau technegol a chlywedol, confensiynau genre.
- ➤ **Archwiliwch** gynrychioliad pobl ifanc yn y cyfryngau heddiw.

Seicoleg CA5
- ➤ **Esboniwch a gwerthuswch** y fethodoleg y mae'r ymagwedd Seicodynamig yn ei defnyddio.
- ➤ **Cymharwch a chyferbynnwch** yr ymagwedd Ymddygiadol a'r ymagwedd Wybyddol.

Iaith Cofnodion

Rhan o waith achlysurol athro/athrawes yw ysgrifennu cofnodion cyfarfodydd boed hynny'n bwyllgorau disgyblion, Cyngor yr Ysgol, Cyfarfod Adran, Cyfarfod Tîm Blwyddyn, Tîm Rheoli neu'n weithgorau amrywiol.

Defnyddir llawer iawn o'r ferfau cryno a berfau amhersonol wrth ysgrifennu cofnodion.

Berfau

Rhai berfau amser gorffennol perthnasol			
Berfenw	**3^{ydd} Person Unigol**	**Person 1^{af} Lluosog**	**Amhersonol**
Adrodd	Adrodd**odd**	Adrodd**om**	Adrodd**wyd**
Amlinellu	Amlinellodd	Amlinellom	Amlinellwyd
Arfarnu	Arfarnodd	Arfarnom	Arfarnwyd
Argymell	Argymhellodd	Argymhellom	Argymhellwyd
Awgrymu	Awgrymodd	Awgrymom	Awgrymwyd
Cael	Cafodd	Cawsom	Cafwyd
Ceisio	Ceisiodd	Ceisiom	Ceisiwyd
Croesawu	Croesawodd	Croesawom	Croesawyd
Cyfeirio	Cyfeiriodd	Cyfeiriom	Cyfeiriwyd
Cyflawni	Cyflawnodd	Cyflawnom	Cyflawnwyd
Cynnal	Cynhaliodd	Cynhaliom	Cynhaliwyd
Cytuno	Cytunodd	Cytunom	Cytunwyd
Diolch	Diolchodd	Diolchom	Diolchwyd
Dosbarthu	Dosbarthodd	Dosbarthom	Dosbarthwyd
Gofyn	Gofynnodd	Gofynnom	Gofynnwyd
Gweld	Gwelodd	Gwelsom	Gwelwyd
Mynegi	Mynegodd	Mynegom	Mynegwyd
Penderfynu	Penderfynodd	Penderfynom	Penderfynwyd
Pwysleisio	Pwysleisiodd	Pwysleisiom	Pwysleisiwyd
Sôn	Soniodd	Soniom	Soniwyd
Teimlo	Teimlodd	Teimlom	Teimlwyd
Trafod	Trafododd	Trafodom	Trafodwyd
Trefnu	Trefnodd	Trefnom	Trefnwyd
Tynnu	Tynnodd	Tynnom	Tynnwyd

Berfau Presennol/Dyfodol			
Berfenw	3ydd Person Unigol	Person 1af Lluosog	Amhersonol
Anghytuno	Anghytun**a**	Anghytun**wn**	Anghytun**ir**
Bwriadu	Bwriada	Bwriadwn	Bwriedir
Credu	Creda	Credwn	Credir
Cytuno	Cytuna	Cytunwn	Cytunir
Dangos	Dangosa	Dangoswn	Dangosir
Disgwyl	Disgwylia	Disgwyliwn	Disgwylir
Edrych	Edrycha	Edrychwn	Edrychir
Gobeithio	Gobeithia	Gobeithiwn	Gobeithir
Gofyn	Gofynna	Gofynnwn	Gofynnir
Hyderu	Hydera	Hyderwn	Hyderir
Llwyddo	Llwydda	Llwyddwn	Llwyddir
Mynnu	Mynna	Mynnwn	Mynnir
Nodi	Noda	Nodwn	Nodir
Teimlo	Teimla	Teimlwn	Teimlir

Iaith Cofnodion ar Waith

Amcan … yw

Bydd angen

Bydd disgwyl

Bydd yn fanteisiol

Mae … yn teimlo

Mae … yn ofni

Mae … yn hawlio

Mae'n rhaid

Mae'n ddisgwyliedig

Mae'n hanfodol

Rydym yn hyderu

Rydym yn gobeithio

Rydym yn anelu

Y nod yw

Cofnodion Pwyllgor Menter a Busnes

Dosbarthwyd cyfrifoldebau i bob aelod o'r pwyllgor a **dewiswyd** cadeirydd, ysgrifennydd a thrysorydd i'r grŵp. **Penderfynwyd** trefnu bore coffi yn ystod y tymor a **chytunodd** Osian i wirio trefniadau Iechyd a Diogelwch. **Disgwylir** i bawb hyrwyddo'r fenter a darparu cacennau i'w gwerthu ar gyfer y bore coffi.

Cofnodion y Tîm Rheoli

Croesawyd pawb yn gynnes i gyfarfod y tîm rheoli ac **estynnwyd** croeso arbennig i arweinwyr y gweithgorau newydd – gweithgor Llythrennedd a'r gweithgor Rhifedd. **Dymunwyd** yn dda i arweinwyr y gweithgorau newydd hyn gyda'u brîff newydd. **Bydd** arweinydd y gweithgor Mwy Abl a Thalentog wedi ei benodi erbyn y cyfarfod nesaf.

Cofnodion Cyfarfod Adran

Trafodwyd papurau arholiad CA4 a CA5. **Byddwn** fel Adran yn dilyn y drefn arferol wrth gynllunio papurau. **Gwirfoddolodd** AB i ymgymryd â'r gwaith o greu cynlluniau asesu tra bydd CD yn gosod y papurau. **Penodwyd** Gorffennaf 15 fel dyddiad cwblhau'r marcio er hwyluso safoni Adrannol.

Cofnodion Amrywiol

- **Penderfynwyd** llunio holiadur i gasglu ymateb y disgyblion ynglyn â newid y wisg ysgol.
- **Bydd** angen i swyddog presenoldeb dargedu disgyblion sydd â phresenoldeb is na'r targed a **osodwyd** gan yr ysgol.
- **Awgrymodd** AC bod angen ail-edrych ar y broses o gasglu gwybodaeth am lwyddiannau disgyblion.
- **Ymddiheurwyd** am yr oedi wrth ddarparu'r taflenni angenrheidiol.
- **Mynegwyd** pryder bod rhai disgyblion yn cyrraedd yr ysgol yn hwyr. Bu trafodaeth ar y mater a **bwriada'r** pennaeth blwyddyn gyfweld â'r unigolion.
- **Nododd** fod nifer o ddisgyblion yn anwybyddu dyddiadau cau gwaith cwrs a **gofynnwyd** i'r athrawon dosbarth perthnasol drafod â'r unigolion dan sylw.
- **Codwyd** y cwestiwn o arsylwi gwersi A.B.Ch. er mwyn sicrhau cysondeb profiadau i'r disgyblion ar draws y flwyddyn.
- **Cynhelir** y cyfarfod nesaf ymhen yr wythnos.

Ffurfiau ysgrifenedig

Hanfodion ffurfiau ysgrifenedig

Dylid ystyried yn ofalus yr agweddau ieithyddol sy'n perthyn yn benodol i'r math o ysgrifennu sy'n digwydd ar draws y cwricwlwm. Dylai disgyblion gael digon o gyfleoedd i **ysgrifennu'n estynedig** mewn **amrywiaeth o ffurfiau** a dylai cyd-destun y tasgau fod yn ystyrlon a'r meini prawf fod yn glir iddynt.

Dylid **cynllunio'n syniadol** yn gyntaf gyda thasg lafar er mwyn cadarnhau dealltwriaeth y disgyblion o'r pwnc a gall hyn gryfhau amrediad yr eirfa sy'n cyd-fynd â'r testun yn ogystal â'r cystrawennau a'r cywair iaith. Yn yr un modd mae **dadansoddi nodweddion ffurfiau wrth gynllunio** yn datblygu ymwybyddiaeth y disgyblion o beth yn union yw nodweddion ffurfiau ysgrifennu safonol. Wrth roi **trefn ar syniadau** gan **ddewis a dethol deunydd** priodol gellir gwneud defnydd o fframiau ysgrifennu/sgaffaldiau gwahaniaethol a matiau iaith yn ôl yr angen.

Mae dangos **model** cyn cyflawni'r gwaith yn arfer dda ac yn sicrhau bod y disgwyliadau yn glir i bawb. Mae'n ffordd o gadarnhau a yw'r disgyblion yn deall y broses o ysgrifennu.

Mae **defnydd o iaith** yn greiddiol i ddealltwriaeth a llwyddiant disgybl. Defnyddio iaith ddealladwy yw'r allwedd a gallwch arfogi eich disgyblion i lwyddo o roi sylw i agweddau ieithyddol.

Mae'r **matiau iaith/fframiau ysgrifennu pynciol enghreifftiol** yn nodweddu arfer dda o ran gosod tasgau, cynllunio a strwythuro, bwydo geirfa a phatrymau iaith a rhannu meini prawf llwyddiant. Enghreifftir tasgau pynciol penodol ar draws y cwricwlwm sy'n canolbwyntio ar amrywiaeth o ffurfiau ysgrifennu anllenyddol a llenyddol.

Adrodd yn ôl

TASG Ysgrifennu **adroddiad papur newydd** am drychineb y 'Sea Empress' yn Sir Benfro.

Cynllun i'ch adroddiad

➤ Pennawd sy'n dal sylw

➤ Dechrau: Beth ddigwyddodd? Ble? Pryd?
(*Bu damwain… Digwyddodd hyn…*)

➤ Canol: Mwy o fanylion am y llong a'r trychineb. Rhesymau am y trychineb. Canlyniadau'r trychineb a'r effaith.
(*Teithiodd y llong o… Y prif reswm am y trychineb oedd… Rheswm arall oedd… Bydd hyn yn effeithio ar…*)

➤ Tystiolaeth llygad-dystion:
(*Dywedodd llygad-dyst "Gwelais… Sylwais… Roeddwn yn… Byddwn yn…"*)

➤ Diwedd: Beth fydd yn digwydd yn y diwrnodau nesaf?
(*Yn ystod y dyddiau nesaf… Ofnir… Bydd rhaid… Disgwylir…*)

> Rhaid treiglo'n feddal ar ôl berfau cryno, e.e. Gwelais long

Blwch geirfa

Enwau lleoedd: Parc Cenedlaethol, Sir Benfro, Aberdaugleddau, Dociau Penfro, De-orllewin Cymru, arfordir, Môr Iwerddon, Penrhyn

gerllaw, wrth ymyl, ar y ffordd i, gyferbyn â, yn nhref

damwain, trychineb, suddo, ymledu, bywyd gwyllt, dinistrio, difrod, olew crai, creigiau, diwydiant twristiaeth, twristiaid, ymchwiliad, amgylchedd, llygru, llygredd, colled enbyd, ymgyrch achub

Meini prawf llwyddiant

➤ Bydd angen ystyried y gynulleidfa a nodi'r holl fanylion perthnasol am y trychineb: Pwy? Beth? Ble? Pryd? Pam?

➤ Rhaid i'r dechrau a'r diwedd hoelio ein sylw.

➤ Ysgrifennu mewn colofnau a defnyddio is-benawdau.

➤ Cynnwys adroddiadau llygad-dystion.

➤ Rhaid defnyddio'r eirfa yn y bocs.

➤ Defnyddio berfau'r gorffennol yn gywir a threiglo ar ôl berfau cryno.

➤ Cymryd gofal wrth sillafu, atalnodi a threiglo.

Perswadio

TASG Ysgrifennu **araith** yn mynegi barn ar y gosodiad "Rhaid gwarchod coedwig law Amasonia".

Geirfa'n ymwneud â dadleuon o blaid gwarchod y goedwig

➤ llwythi brodorol yn ffermio'n gynaliadwy
➤ llwythi'n byw mewn harmoni gyda'r goedwig
➤ coedwigoedd yn chwarae rhan bwysig yn iechyd ein planed
➤ o'r coedwigoedd y daw llawer o ddŵr y byd
➤ coed yn amsugno dŵr o'r pridd ac yn rhyddhau y rhan fwyaf ohono yn ôl i'r aer trwy eu dail
➤ camddefnyddio'r goedwig law yn gallu achosi llifogydd ac erydiad
➤ modd dod o hyd i blanhigion i drin afiechydon a chreu meddyginiaethau
➤ cadwriaethwyr o blaid gwarchod

Geirfa'n ymwneud â'r dadleuon i ddatblygu'r goedwig

➤ ransiwyr gwartheg eisiau elw
➤ adeiladu ffyrdd yn dod â gwaith
➤ mwyngloddwyr
➤ cwmni torri coed yn gwneud elw
➤ cwmnïau mawr yn defnyddio'r tir i dyfu cnydau fel te a choffi i allforio
➤ coed mawr trofannol fel tîc yn cael eu torri er mwyn eu gwerthu i wledydd cyfoethog

Patrymau mynegi barn

Annwyl gyfeillion...
Teimlaf yn gryf...
Ydych chi'n cytuno...?
Mae gen i sawl rheswm...
Gwrandewch arnaf
Mae'n hen bryd...
Ffrindiau, oeddech chi'n gwybod...?
Cred rhai...
Ar y llaw arall...
Mae hyn yn warthus...
Yn fy marn i...
Credaf fod hyn yn annheg...
Onid yw...?
Dylai...
Ffrindiau...
Mae'n bwysig cofio...
Cofiwch...
Ar ôl pwyso a mesur...
Mae'n amlwg...

Rhestr wirio

Ydw i wedi...
➤ ystyried y gynulleidfa
➤ ysgrifennu paragraff cyntaf i esbonio cefndir coedwig law yr Amasonia?
➤ mynegi fy marn yn glir a rhoi rhesymau?
➤ esbonio fy nadleuon a defnyddio tystiolaeth/ffeithiau'n gyson?
➤ ystyried safbwyntiau pobl eraill?
➤ defnyddio cwestiynau rhethregol?
➤ cyfarch y gynulleidfa?
➤ defnyddio berfau gorchmynnol?
➤ gwirio fy sillafu, atalnodi a threiglo?

Cyfweliad

TASG Dychmygwch eich bod yn cynnal **cyfweliad** gydag arlunydd. Cofnodwch y cyfweliad.

Cwestiynau posib

Pryd a ble cawsoch chi eich geni? *Cefais...*

Ers pryd ydych chi'n arlunio? *Dechreuais arlunio pan oeddwn...*

O ba wlad ydych chi'n dod a ble ydych chi'n byw bellach?

Ble cawsoch eich addysgu?

Beth yw'ch gwaith chi o ddydd i ddydd?

Pa fath o waith celf ydych chi'n ei greu?

Pa gyfrwng ydych chi'n ei ddefnyddio?

Pa liwiau ydych chi'n hoffi eu defnyddio?

Allwch chi ddisgrifio eich gwaith?

Eglurwch y delweddau yn eich gwaith.

Beth yw'ch barn ar...?

Ydych chi wedi ennill gwobrau?

Meini prawf llwyddiant

➤ Cynnwys gwybodaeth am yr artist
➤ Defnyddio'r ffurf yn gywir
➤ Defnyddio termau Celf (gweler y bocs isod)
➤ Gwirio'r sillafu, atalnodi a threiglo

Beth am ddechrau fel hyn?

Cyflwynydd: Diolch am y cyfle i sgwrsio â chi. I ddechrau, dywedwch ychydig am eich cefndir. Pryd a ble cawsoch chi eich geni?

Keith Haring: Cefais fy ngeni...

Beth am orffen fel hyn?

Cyflwynydd: Diolch yn fawr am y sgwrs heddiw. Rydw i wedi mwynhau!

Keith Haring: Diolch i chi!

Geirfa ddefnyddiol

delwedd

lliwiau

amrediad

gwead

techneg

maint y siapau

lleoliad y siapau

amlinelliad

gwrthrych

arlunydd

braslun

dychymyg

paent

golosg

lliwiau cynradd

lliwiau eilaidd

pensil meddal

adlewyrchu

addasu

arsylwi

dylunio

Dyddiadur

TASG Ysgrifennu **dyddiadur** plentyn sy'n gweithio mewn ffatri.

Geirfa

Amodau gwaith: cyflog isel, peryglon iechyd, oriau hir – diwrnod deuddeg awr, sŵn aflafar olwynion yn troi, gwres, y lle yn orlawn, dim ffens o gwmpas y peiriannau, peiriannau torri tyllau, cloch y ffatri, damwain, anaf difrifol

Cyflogwr: rheolwr â chwip yn ei law, creulon, difater, dideimlad

Teimladau: blino, gwan, ofnus, diflas, gwaith yn annioddefol

Meini Prawf Llwyddiant

➤ cynnwys gwybodaeth am amgylchiadau byw yn y ffatrioedd
➤ ysgrifennu mewn paragraffau trefnus
➤ cynnwys teimladau'r plentyn
➤ gwirio'r gwaith yn ofalus o ran sillafu, atalnodi, defnydd o ferfau'r gorffennol a threiglo

Ffrâm ysgrifennu

Diwrnod hir arall heddiw o ddioddef yn y ffatri!

Codais am… *(esboniwch beth wnaethoch chi cyn mynd i weithio)*

Yn y ffatri heddiw, roedd rhaid i mi… *(esboniwch yr amgylchiadau gwaith yn y ffatri. Disgrifiwch eich gwaith, beth sydd i'w weld a'i glywed)*

Daeth rheolwr y ffatri o gwmpas… *(disgrifiwch pa fath o berson yw'r rheolwr)*

Cafodd… ddamwain *(esbonwich beth ddigwyddodd)*

Teimlais yn… Gobeithio…

Berfau'r gorffennol

Codais…
Gwisgais…
Roedd…
Roeddwn i…
Roedden ni…
Gwelais i…
Clywais i…
Es i…
Aethon ni…
Teimlais i…
Cafodd…
Cefais i…

Rhaid treiglo'n feddal ar ôl berfau cryno, e.e. cefais **dd**amwain

Esbonio

TASG Edrychwch ar y graff yma sy'n gofnod o sŵn cefnogwyr "Man U" **neu** Lerpwl mewn gêm bêl-droed yn erbyn ei gilydd. Ysgrifennwch **baragraff** yn esbonio'r hyn rydych chi'n meddwl sydd wedi digwydd yn ystod y gêm bêl-droed.

Graff yn dangos lefel y sŵn a recordiwyd yn ystod gêm bêl-droed Manceinion Unedig yn erbyn Lerpwl

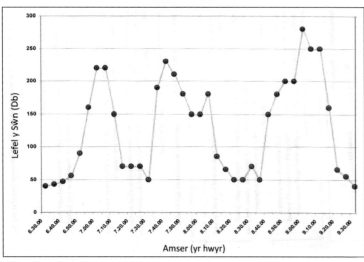

Meini Prawf Llwyddiant

➤ Ystyried y gynulleidfa
➤ Rhaid defnyddio'r gwahanol lefelau o sŵn a ddangosir ar y graff er mwyn atgyfnerthu'r hyn yr ydych yn ei ysgrifennu.
➤ Nid oes rhaid i'r gêm gychwyn am 6.30 yr hwyr. Cewch benderfynu o'r graff pryd yr ydych chi'n tybio fod y gêm wedi cychwyn, ond cofiwch fod gêm bêl-droed yn parhau am o leiaf 90 munud gydag egwyl yn y canol.
➤ Rhaid esbonio beth dybiwch chi oedd y sgôr ar ddiwedd y gêm. Pam?
➤ Rhaid amrywio dechrau brawddegau a gwirio sillafu, atalnodi a threiglo.

Patrymau brawddegau

Rydw i am egluro...
Dyma beth sy'n dod i'r meddwl...
Yn fy marn i...
Mae'r graff yn awgrymu...
Credaf fod...
Wrth edrych ar y graff, gallaf weld...
Dengys y graff fod...
Rhwng... a... Yna...

Geirfa

cyson, lleihau, cynyddu, cynnydd, sydyn, arafu, cyrraedd, cefnogwyr, stadiwm, cyffro, neidio, egwyl, gadael, meddiant

Model

Dyma beth sy'n dod i'm meddwl wrth edrych ar y graff. Rwyf wedi cymryd bod y sŵn yn cael ei greu gan gefnogwyr Lerpwl.

Wrth edrych ar y graff, credaf fod y gêm wedi cychwyn am chwarter i saith. Gallaf ddweud hyn gan fod lefel y sŵn yn cynyddu ar y graff ar ôl yr amser hwn. Rwy'n credu bod y sŵn a oedd yn cael ei recordio ar y graff cyn yr amser yma yn cael ei greu wrth i'r cefnogwyr gyrraedd y maes chwarae ac wrth i'r timau ddod allan ar y cae.

Rhwng chwarter i saith a deg munud i saith, credaf fod Lerpwl yn cael ychydig o feddiant o'r bêl gan fod cynnydd bychan yn lefel y sŵn yn ôl y graff. Yn ystod y 10 munud nesaf, gallaf ddweud bod meddiant Lerpwl o'r bêl wedi cynyddu. Mae'r graff yn dangos cynnydd cyson yn lefel y sŵn yn ystod y 10 munud hwn...

Gwerthuso Gymnasteg

Patrymau brawddegau

Da iawn! Y peth gorau am y symudiad oedd…

Yn y symudiad gwelais…

Fy hoff beth am y dilyniant yma oedd…

Mwynheais i'r dilyniant yn fawr oherwydd…

Y tro nesaf, ceisia…

Beth am… er mwyn…

Byddai'n syniad da…

Cofia…

Mae treiglad meddal ar ôl gorchymyn, e.e.

Cofia **g**ydbwyso

Offer: bocs, bwrdd sbring, byrnau, ceffyl, ebol, mainc, mat glanio, mat llawr, trampolîn

Enghraifft o werthusiad

Roedd safon y perfformiad yn ardderchog gan fod Dafydd wedi **newid lefelau yn effeithiol** o fewn **y gyfres**. Llwyddodd i wneud hyn trwy ddechrau gyda **symudiadau llawr** (e.e. **rôl ymlaen**) cyn symud ymlaen at berfformio **naid seren** oddi ar **y bocs**.

Roedd yna **eglurdeb siâp** wrth iddo berfformio'r **naid seren** gan ddangos **tensiwn da iawn**. Yn ystod **y gyfres**, fe wnaeth e **newid cyflymder** yn bwrpasol gan ddangos **cydbwysedd safonol** wrth wneud **pensafiad** cyn symud ymlaen i **symudiad** ffrwydrol, cyflym wrth arddangos y **trosben**.

Nid oedd ei **reolaeth** corff o ansawdd uchel bob amser, yn enwedig wrth berfformio symudiadau mwy cymhleth megis y **sbring gwddf**. Rhaid cofio ymarfer y **sbring gwddf** er mwyn sicrhau gwell **rheolaeth** corff ac i sicrhau bod **y gyfres** yn llifo o **symudiad** i **symudiad**.

Geirfa ddefnyddiol wrth ddadansoddi gwahanol symudiadau

symudiad

tensiwn

eglurdeb siâp

ansawdd

rheolaeth

cydbwysedd

cymesur/anghymesur

naid seren

siâp twc

siâp peic

siâp stradl

siâp syth

siâp dysgl

siâp bwa

siâp syth

cylchdroi

llawsafiad

pensafiad

olwyn dro

rôl gylch/ochr/ymlaen/yn ôl

sbring gwddf

trosben

symudiadau llawr

Geirfa ddefnyddiol wrth werthuso dilyniant

dilyniant

newid lefelau'n effeithiol

amrywio cyflymder

newid cyfeiriad

siapiau

y gyfres yn llifo

Gwerthuso diwedd uned

TASG Ewch ati i **werthuso**'ch gwaith DT

Patrymau brawddegau

Yn yr uned yma, rwyf wedi…

Wrth wneud yr uned yma, dysgais…

Yr hyn oedd yn anodd oedd…

Y geiriau a ddysgais yn yr uned oedd…

Fe wnes i fwynhau…

Credaf fod fy ngwaith yn llwyddiannus oherwydd…

Rwyf wedi creu…

Mae fy narlun/ngwaith yn…

Mae teimlad…

Yn fy marn i…

Credaf fod y gwaith yn…

Mae'r gwaith gorffenedig yn…

Teimlaf…

Rwy'n hoff o'r…

Dyma'r camau a ddilynais i greu fy…

Treuliais i… yn gwneud fy…

Defnyddiais…

Mae fy ngwaith yn debyg i waith… oherwydd…

Mae angen i fi…

Nid wyf yn hoff o'r…

Dydw i ddim yn hapus gyda…

Y tro nesaf, byddwn yn…

Gallwn fod wedi…

Yn yr uned nesaf, mae angen i mi…

Yn gyntaf…

Yn ail…

Yn drydydd…

Yn bedwerydd…

Wedyn…

Nesaf…

Yn raddol

Yn olaf…

Ansoddeiriau

pwerus	unigryw
diddorol	llwyddiannus
tywyll	esmwyth
golau	trwchus
mawr, bach	tenau
effeithiol	manwl
cyffrous	taclus
gwahanol	gwreiddiol
llachar	gwrthgyferbyniol
clir	pwerus
trawiadol	cywir
diflas	realistig
traddodiadol	addas
modern	cymesur

Mae ansoddair yn treiglo'n feddal ar ôl "yn", e.e. "yn **d**ywyll". (Nid yw "ll" a "rh" yn treiglo ar ôl "yn")

Geirfa ddefnyddiol

adeiladwaith	lleoliad y siapiau
ansawdd	amlinelliad
cyfansoddiad	gwrthrych
deunydd	braslun
lliw	amlinell
cyd-fynd	dychymyg
amrediad	adlewyrchu
gwead	addasu
techneg	arsylwi
maint y siapiau	dylunio

Llythyr

Eich cyfeiriad chi
ar ongl yma

Prif Weinidog Cymru
Y Senedd
Y Cynulliad
Caerdydd   Dyddiad

Annwyl Brif Weinidog,

Ysgrifennaf atoch er mwyn…
Fel rhan o'n gwersi Addysg Grefyddol…
Bwriad Zakah yw…
Cred Mwslimiaid…

Gallai'r arian yma…
Mae Zakah hefyd yn ffordd wych i… Mae'n ffordd effeithiol o…
Credaf yn gryf… Teimlaf… Heb os nac oni bai…

O ran y broses o dalu…
Os gwelwch yn dda…
Diolch am gymryd yr amser i ddarllen fy llythyr.

Yr eiddoch yn gywir
eich llofnod
eich enw

Blwch geirfa

Zakah, Islam, Mwslimiaid, Mosg, Muhammad, crefydd, cyflog, cyfoeth, tlawd, rhannu, dioddef, cyfrannu, gwahaniaeth anferthol, cymorth, ffodus, elusen

Ydw i wedi…

➤ ystyried y gynulleidfa?
➤ dilyn y ffurf yn gywir?
➤ esbonio fy neges yn glir?
➤ paragraffu'n drefnus?
➤ gwirio'r sillafu, atalnodi a threiglo?

Pamffled

TASG

Rydych wedi cael eich dewis ar ran Canolfan Cerdd Cymru i lunio **pamffled gwybodaeth**. Mae'r ganolfan eisiau hysbysebu cerddoriaeth sydd i'w gael mewn gwahanol wledydd.

Meini Prawf Llwyddiant

Bydd angen:

➤ Ystyried y gynulleidfa

➤ Ymchwilio'n fanwl

➤ Categoreiddio gwybodaeth yn ofalus

➤ Creu pamffled deniadol

➤ Defnyddio geirfa a thermau Cymraeg

➤ Gwirio'r gwaith yn ofalus, e.e. o ran sillafu, atalnodi a threiglo

CAM 1:

Dewis gwlad sydd â thraddodiadau cerddorol o ddiddordeb i chi ac ymchwilio!

CAM 2:

Casglu gwybodaeth o dan y penawdau yma:

1. Gwybodaeth a lluniau cyffredinol am y wlad
2. Yr offerynnau
3. Eu diwylliant, e.e. eu hiaith, crefydd, sefydliadau hanesyddol
4. Traddodiadau cerddorol, e.e. gwyliau cerdd, cyngherddau enwog, rhythmau, traddodiadau canu a dawnsio

CAM 3:

Ysgrifennu'r wybodaeth mewn paragraffau a gwirio'r gwaith yn ofalus.

CAM 4:

Sicrhau bod y pamffled yn ddeniadol – lluniau, isdeitlau a.y.b.

CAM 5:

Gwirio'r Meini Prawf Llwyddiant a gwerthuso'r gwaith.

Dyma **enghraifft** ond bydd angen tipyn mwy o wybodaeth arnoch chi

Cerddoriaeth De Affrica

Dyma faner genedlaethol De Affrica.

Wyddoch chi fod gan Dde Affrica nifer o anifeiliaid gan gynnwys eliffantod?

Mae'r wlad yn adnabyddus am ei thywydd poeth a machlud haul.

Dyma enghreifftiau o offerynnau traddodiadol Affricanaidd – Bead Shekere a Drymiau. Mae'r rhain yn cael eu chwarae mewn cyngherddau traddodiadol yn Ne Affrica.

Mae Nelson Mandela yn adnabyddus iawn ar ôl iddo gael ei garcharu am leisio'i farn dros faterion pwysig yn Ne Affrica.

Mae gan Dde Affrica draddodiadau cerddorol cryf a llawer o draddodiadau dawnsio a chanu.

Patrymau brawddegau

Dyma…

Oeddech chi'n gwybod…?

Wyddoch chi…?

Mae gan y wlad…

Mae ganddi…

> Mae treiglad meddal ar ôl patrwm "gan", e.e. Mae gan y wlad **d**raddodiad…, Mae ganddi **dd**iwylliant…

Mae'r wlad yn adnabyddus am…

Ceir nifer o…

Datblygwyd…

Un o draddodiadau'r wlad yw…

Dyma enghreifftiau o…

Edrychwch ar…

Gwerthuso

Rwy'n falch o…

Teimlaf fy mod wedi llwyddo i…

Y tro nesaf, byddwn yn…

Geirfa

traddodiadau
cenedlaethol
diwylliant
cerddoriaeth
offerynnau
taro
pres
llinynnau
chwythbrennau
cyngerdd
cyngherddau
bywiog
rhythmig
hanes
lliwgar
perfformio
cyfansoddwyr
perfformwyr
canu gwerin

Portread

TASG Ysgrifennwch **bortread** o aelod o'r teulu.

Meini Prawf Llwyddiant

Bydd angen:

➤ ystyried y gynulleidfa

➤ sôn am gefndir/hanes person, e.e. enw, oed, magwraeth, teulu, swydd, hanesion diddorol.

➤ sôn am ei bryd a gwedd, e.e. wyneb, corff, gwisg.

➤ cyfeirio at ei bersonoliaeth, diddordebau, arferion a barn eraill amdano.

➤ defnyddio'r trydydd person, e.e. "mae ef/hi".

➤ defnyddio technegau arddull, e.e. ansoddeiriau, cyffelybiaethau, cymariaethau, idiomau a throsiadau.

➤ amrywio hyd brawddegau.

➤ cymryd gofal wrth sillafu, atalnodi a threiglo.

Patrymau brawddegau

Ganwyd yn...

Magwyd yn...

Mae ganddo/ganddi...

Does ganddo/ganddi ddim...

Does gan neb air drwg i ddweud am...

Llygaid...sydd ganddo/ganddi

Gwisga...

Edrycha...

Gweithia...

Roedd yn arfer...

Ei hoff... yw...

Dydy... ddim...

Un da ydyw... am...

Bydd bob amser yn...

... sy'n bwysig i...

Pan oedd yn ifanc...

Does dim yn well ganddo na...

Mae wrth ei fodd yn...

Cymeriad... yw...

Gramadeg

Mae treiglad meddal ar ôl patrwm "gan", e.e. *Mae ganddo **dd**iddordebau...*

Hefyd:

'**ei**' – un person

'**eu**' – mwy nag un person

e.e. **ei** waith ef, **eu** llyfrau nhw

Mae treiglad meddal ar ôl "ei" gwrywaidd, e.e. *ei **d**eulu, ei **w**isg.*

Mae treiglad llaes ar ol "ei" benywaidd, e.e. *ei **ch**artref, ei **th**eulu.*

COFIER Y PATRWM:

gen i

gennyt ti

ganddo ef/fe

ganddi hi

gennym ni

gennych chi

ganddyn nhw

Portread (parhad)

Beth am ddechrau gyda...?

Caredig, cymwynasgar a chariadus – dyna Mam-gu i'r dim.

neu

Mrs Davies y Swyddfa Bost yw hi i drigolion y pentref – Gwenda yw hi i'r ffrindiau, ond mam-gu sy'n byw drws nesa yw hi i mi.

neu

"Dafydd, cer i lanhau dy ystafell wely nawr". Dyma hoff frawddeg Mam, bob bore, prynhawn a nos.

Beth am orffen yn debyg gan roi undod i'r gwaith?

Bydd Mam am byth yn gweiddi, "Dafydd, cer i lanhau dy ystafell wely nawr".

Cofiwch gynnwys cyffelybiaethau.

Clywir llais mam-gu yn siarad drwy'r amser fel pwll y môr.

Mae ei thŷ fel pin mewn papur!

Cofiwch ddisgrifio (nid dweud yn blwmp ac yn blaen).

Does dim gwahaniaeth pa awr o'r dydd yw hi, mae yna aroglau ffres bara neu gacennau yn dianc o'r ffwrn. Dyletswydd ei theulu, yn ôl Mamgu, yw galw i'w gweld bob dydd a stwffio eu boliau nes eu bod yn methu â chodi o'r seddi hen ffasiwn.

Cymorth Cyflym

GWALLT: yn britho (mynd yn llwyd), llipa fel gwymon ar graig, seimllyd, blêr, pigog, yn foel.

LLYGAID: oer, diniwed, drygionus, yn gloywi (yn sgleinio), direidus, llygaid wedi cuddio o dan wydr trwchus sbectol.

GALL CARTREF DDWEUD LLAWER AM GYMERIAD: cymen (taclus), anniben, hen ffasiwn, calendr llynedd ar y wal, twt (taclus), fel pin mewn papur.

LLAIS/SIARAD: gwichlyd fel drws rhydlyd, cras, meddal, dwfn, clir, crynedig, peraidd, undonog, tyner, melfedaidd (yn llyfn), byddarol (uchel), parablu.

IDIOMAU: Cof fel gogor (yn anghofio'n aml), y cyw melyn olaf, cochi at ei glustiau, yn wên o glust i glust, yn hapus fel y gog, uchel ei gloch, cerdded yn ling-di-long, gwneud ei orau glas, tipyn o dderyn (tipyn o gymeriad!), chwerthin am ei ben, â'i wynt yn ei ddwrn.

CYMERIAD: diog, cymwynasgar, gweithgar, hunanol, cymdeithasol, peniog (galluog), pryderus, tawel, twymgalon (caredig), ymffrostgar, adnabod pawb a phob un, penderfynol, annwyl, unigryw, gweithgar, annibynnol.

OSGO: llipa, gosgeiddig, athletaidd, cefngrwm (plygu cefn), aflonydd, hamddenol, diog, cadarn, urddasol

CORFF: cyhyrog, boldew (bola tew), hirfain, cyhyrog, byrdew, main (tenau), golygus, esgyrnog, bysedd hirfain (bysedd hir a thenau)

Sgript

Rydych chi'n byw yn yr 1950au ac wedi mynd ar drip i'r Mwmbwls am y diwrnod. Dychmygwch eich bod ar drên bach y Mwmbwls ac yn cael sgwrs gyda rhywun ar y trên.

CAM UN:
Meddyliwch am y cymeriadau

Enw?

Oedran?

Swydd?

Diddordebau?

Ansawdd bywyd? Hapus? Pethau'n anodd?

Cartref?

Teulu?

Pam ydych chi wedi dod i'r Mwmbwls?

Beth ydych chi'n edrych ymlaen ato heddiw?

Pwy sydd gyda chi yn y Mwmbwls?

Sut ddiwrnod yw hi?

Cofiwch ystyried

➤ Ydych chi'n nabod eich gilydd eisoes?

➤ Sut mae'r sgwrs yn dechrau a dod i ben?

➤ Cofiwch sôn am eich bywyd yn y sgwrs

Patrymau brawddegau i'r cyfarwyddiadau

Gwelir… Clywir…

Erbyn hyn…

Dychwelwn…

Distewa'r gerddoriaeth…

Ceir naws… i'r olygfa yma.

Ceir saethiad…

Ymunwn â'r olygfa yng nghanol…

Dilynwn…

Mae hi'n bwrw glaw…

Yr unig sŵn yw…

Ar ddiwedd yr olygfa…

Tafodiaith i'w defnyddio

becso – poeni

bigitan – cwympo mas/dadlau

blino'n shwps – blino'n lân

yn gloi – yn gyflym

conan – cwyno

cwato – cuddio

danjerus – peryglus

acha – ar, e.e. acha dydd Llun

danto – cael llond bol

dim clem – dim syniad

ercyd – 'nôl rhywbeth

galifantan – mynd am daith

gweud – dweud

sai'n – dydw i ddim

siwrne – taith neu unwaith

whilo – chwilio

Sgript (parhad)

Cyfarwyddiadau actio

➤ gan chwerthin, yn fygythiol, yn oeraidd, yn dyner, yn betrusgar, yn awdurdodol, yn amddiffynnol, o dan ei anadl, yn nawddoglyd, yn euog, yn anesmwyth, yn ddiamynedd, yn gwrtais, yn grynedig, yn wyllt, yn pesychu.

➤ a'i ddwylo yn yr awyr, mewn llais merchetaidd, yn torri ar ei draws, ei lais yn distewi, yn amlwg wedi ei gorddi, gyda gwên swil, gan gerdded i ffwrdd.

Wrth ysgrifennu sgript, dylid pob amser ei gosod ar y patrwm canlynol:

Teitl y Ddrama

RHESTR O'R CYMERIADAU

Enw cymeriad 1: Disgrifiad byr

Enw cymeriad 2: Disgrifiad byr

Enw cymeriad 3: Disgrifiad byr

LLEOLIAD

Disgrifiad byr o'r lleoliad/cyfnod.

Os yw'r lleoliad yn newid ar gyfer pob golygfa, yna dylid cynnwys disgrifiad o'r lleoliad ar ddechrau pob golygfa. Cofiwch sôn am y set.

GOLYGFA 1

Enw'r Cymeriad: Deialog

Enw'r Cymeriad: (Cyfarwyddiadau Llwyfan) Deialog

Enw'r Cymeriad: Deialog (Cyfarwyddiadau Llwyfan)

Enw'r Cymeriad: Deialog

(Cofiwch gynnwys cyfarwyddiadau llwyfan – sut dylid dweud rhai llinellau, sut dylid symud a gwybodaeth ar fynedfeydd ac allanfeydd)

Diwrnod i'w gofio

Cymeriadau

Jim Thomas: Gweithiwr glo 45 mlwydd oed

Maggie James: Gwraig tŷ 43 mlwydd oed

Lleoliad

Lleolir yr olygfa ar fws o'r cyfnod, sef y '50au. Gwelir Jim yn eistedd ar y bws. Daw gwraig tŷ i eistedd wrth ei ymyl. Nid yw'r ddau yn adnabod ei gilydd yn syth.

Golygfa 1

Jim: Maggie? *(saib)* Wel Maggie James , ffansi dy weld di fan hyn!

Maggie: *(yn hapus i'w weld)* Jim! Shwd wyt ti, slawer dydd?

Jim: Iawn diolch, shwd ma Ronald a'r plant?

Maggie: Grêt! Mae'r plant yn tyfu lan mor gloi! Chi lawr am y diwrnod?

Rhestr wirio

➤ Ydw i wedi gosod y sgript yn gywir? (gweler yr enghraifft yma)

➤ Ydw i wedi creu sgript ddiddorol?

➤ Ydw i wedi cymryd gofal wrth sillafu, atalnodi a threiglo?

Stribed cartŵn

CAM UN:

Ar ôl astudio brwydr Hastings, rhannwch hanes y frwydr i ddarnau gwahanol i'w gosod mewn stribed cartŵn a thynnwch y lluniau.

CAM DAU:

Ysgrifennwch y prif ddigwyddiadau o dan bob llun. Gallwch gynnwys swigod siarad a swigod meddwl er mwyn cyfleu safbwyntiau'r cymeriadau neu er mwyn cynnwys deialog.

Hei bois! Mae gen i **g**ynllun

William Dug Normandi

Rhestr wirio

➤ Oes ystyriaeth yma i'r gynulleidfa?

➤ Ydy'r holl fanylion perthnasol am y digwyddiad wedi'u cynnwys?

➤ Ydy'r digwyddiadau yn y drefn gywir?

➤ A oes defnydd effeithiol o gysyllteiriau amser?

➤ Ydy'r defnydd o ferfau'r gorffennol yn gywir a'r treiglo ar ôl berfau cryno?

➤ A oes gofal yma wrth sillafu, atalnodi a threiglo?

Cysyllteiriau amser

"i ddechrau", "yna", "nesaf", "wedyn", "yn raddol", "yn sydyn", "yn y cyfamser", "yn dilyn hyn", "i orffen",

Berfau'r gorffennol

dechreuodd, aeth, cafodd, seiniodd

Rhaid cofio treiglo'n feddal ar ôl berfau cryno, e.e. seiniodd **d**rwmpedi

Geirfa ddefnyddiol

Harold Godwinson

William Dug Normandi

byddin

hwylio

Hastings

milwr proffesiynol

hyfforddi

Housecarls, Fyrd

gwaywffyn

marchogion

saethyddion

tariannau

milwyr traed

trwmpedi

gelyn

ymosod

amddiffyn

bwyeill

esgus

llofruddio

Ansoddeiriau defnyddiol

yn gadarn

yn gryf

yn frwdfrydig

yn ddewr

yn syn

yn gyfrwys

Mae ansoddair yn treiglo'n feddal ar ôl "yn", e.e."yn **dd**oeth"

Traethawd

TASG Trafod problemau gorboblogi China.

Cynllun i'ch ateb

Paragraff 1- Esboniwch deitl y drafodaeth

Paragraff 2- Gwybodaeth gyffredinol am China a'r polisi un plentyn, e.e. gwybodaeth am boblogaeth China, prif ddinas y wlad, esboniad o'r polisi un plentyn, pam oedd angen cyflwyno'r polisi?

Paragraff 3- Cryfderau'r polisi (y pethau da amdano), e.e. mwy o swyddi i bawb.

Paragraff 4- Gwendidau'r polisi (y pethau gwael amdano), e.e. dim brodyr na chwiorydd.

Paragraff 5- Beth fyddai rhai o grefyddau'r byd yn credu am y polisi? Beth mae rhai pobl grefyddol yn credu am gael teulu? Pam?

Paragraff 6- Beth yw'ch barn chi ar y polisi? A ydych chi'n cytuno â'r polisi? Bydd angen ystyried y ddwy ochr i'r ddadl.

Paragraff 7- Dewch i gasgliad am eich barn chi.

Dechrau brawddegau

Byddaf yn trafod...

China yw'r wlad... Hi yw'r wlad...

Oherwydd gorboblogi... Y polisi yw...

Un o gryfderau'r polisi yw... Golyga hyn...

Un o wendidau'r polisi yw... Golyga hyn...

Mae'r Catholigion... Cred...

Yn fy marn i...

Does dim amheuaeth...

Heb os nac oni bai...

Dydw i ddim yn credu...

Anghytunaf gyda...

Ar un llaw... ond ar y llaw arall...

Ar ôl pwyso a mesur, credaf...

Pwyntiau gramadegol: Sylwer ar y treiglad meddal ar ôl "o", e.e. "un o **g**ryfderau..."
Mae "gwlad" yn air benywaidd, e.e. "Mae **hi**'n wlad..."

Rhestr wirio

Ydw i wedi ...

➤ ystyried y gynulleidfa?

➤ sôn am bolisi un plentyn China?

➤ sôn am gryfderau'r polisi?

➤ sôn am wendidau'r polisi?

➤ mynegi fy marn i ar y polisi gan ddefnyddio patrymau mynegi barn?

➤ ysgrifennu mewn paragraffau trefnus?

➤ cynnwys yr holl eirfa yma?

➤ gwirio fy ngwaith o ran y sillafu, atalnodi a threiglo?

Geirfa

poblogaeth

llywodraeth

afiechydon

tlodi

llygredd

troseddau

teulu

genedigaethau

tai/cartrefi

prinder cartrefi

swyddi

diweithdra

cyfleoedd

babanod

hawliau

gorfodi

Catholigion

crefydd

atal cenhedlu

Duw

Asesu gwaith ein gilydd gyda dwy seren a dymuniad

Rwyt ti wedi...   Llwyddaist i...   Cofia...   Ceisia...

Ymholiad

TASG

Ymholiad i weld a oes startsh mewn dail. Mae'r siwgr sydd wedi ei gynhyrchu mewn dail yn cael ei storio fel startsh. Gallwn wneud arbrawf i ganfod a oes startsh mewn dail drwy ddefnyddio ïodin. Mae'r ïodin yn troi'n ddu-las os oes startsh yn bresennol.

1. **Rhagfynegi:**
   - Yn yr ymholiad hwn, rwy'n ceisio darganfod…
   - Credaf bydd y canlynol yn digwydd… oherwydd…
   - Rydw i eisoes yn gwybod…

2. **Dulliau a strategaethau:**
   - Dyma restr a diagram o'r offer y byddaf yn eu defnyddio…
   - Er mwyn sicrhau diogelwch yn ystod yr ymholiad…
   - Dyma ddull ar gyfer yr ymholiad… (e.e. Cam 1, Cam 2, Cam 3)
   - Dewisais y dull oherwydd…

3. **Profi'n deg:**
   - Y newidyn byddaf yn newid (newidyn annibynnol) yw …
   - Y newidyn byddaf yn mesur (newidyn dibynnol) yw…
   - Y newidynnau byddaf yn cadw'r un peth yw…

4. **Meini prawf llwyddiant:**

Meini prawf llwyddiant	Cyfiawnhad

5. *****Cynnal yr arbrawf****

6. **Cyfleu data (cyfleu darganfyddiadau):**
   - Dyma dabl i ddangos… Dyma graff i ddangos…

7. **Cyfleu'r gair ysgrifenedig (cyfleu darganfyddiadau):**
   - Dyma gyflwyniad PowerPoint/cartŵn/poster i ddangos…

8. **Adnabod patrwm tabl a graff (adolygu darganfyddiadau):**
   - O'r tabl canlyniadau/graff, gallaf weld…
     Roedd rhai canlyniadau yn annisgwyl…

9. **Adnabod bias, sicrhau dilysrwydd (adolygu darganfyddiadau):**
   - Roedd yr ymholiad yn ddibynadwy/annibynadwy oherwydd…
     I wella dibynadwyedd yr ymholiad, rhaid…
   - Mae'r ffeithiau'n dweud… Bydd rhai o'r farn… Bydd eraill yn credu…
   - I sicrhau nad oedd bias wrth wneud yr ymholiad, fe wnes i…

10. **Casgliad a phenderfyniadau:**
    - Fe wnes i ddarganfod…

11. **Adolygu llwyddiant:**
    - Wedi edrych ar y meini prawf llwyddiant, credaf fod fy ngwaith yn llwyddiannus oherwydd… Gallwn wella fy ngwaith wrth…

12. **Gwerthuso SUT wnaethoch chi ddysgu?** e.e. defnyddio map meddwl
    - Fe wnes i ddysgu… Defnyddiais fy sgiliau meddwl wrth… a chyfathrebu wrth…

13. **Cysylltu'r dysgu:**
    - Gallaf gysylltu'r gwaith â sefyllfa bob dydd/sefyllfa debyg/sefyllfa wahanol…
    - Bydd y wybodaeth yn ddefnyddiol yn y dyfodol oherwydd…

Offer

tiwb profi, mat gwrth wres, trybedd, teilsen wen, ïodin, gefelau, bicer 250 cm³, deilen, gwresogydd Bunsen, sbectol diogelwch ac ethanol (tra fflamadwy)

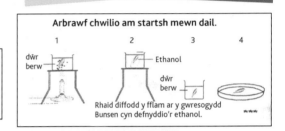

Arbrawf chwilio am startsh mewn dail.

Mae treiglad meddal ar ôl berfau gorchmynnol, e.e. Defnyddiwch **dd**eilen

Dull

Rhowch…
Gosodwch yr offer fel y dangosir yn y llun.
Taniwch y gwresogydd Bunsen
Sicrhewch…
Gadewch…
Diffoddwch…
Rhowch…
Golchwch…
Gwnewch…
Defnyddiwch…

Defnyddiwch ferfau gorchmynnol

Cofiwch!
"y **dd**eilen" nid "y **d**eilen" (mae "deilen" yn enw benywaidd)

Ymson

Sut mae ysgrifennu ymson?

TASG Ysgrifennu **ymson** milwr yn ystod y Rhyfel Byd Cyntaf.

ENGHRAIFFT

Ymson milwr wrth aros i fynd dros y top

A fydda i'n goroesi? A fydda i'n cael mynd adref yn ddianaf? A fydda i'n gweld wynebau fy mhlant eto? Mae pob eiliad yn boenus wrth aros am chwiban y sarjant, wrth aros am yr alwad i ddringo i dir neb a wynebu'r frwydr ffyrnig. Doeddwn i erioed wedi dychmygu erchylltra realiti rhyfel; yr anafiadau, y saethu di-drugaredd, y cyrff marw. Mae'r tawelwch yn boenus wrth i bawb weddïo a hiraethu am fywyd gartref.

Mae angen defnyddio'r **person cyntaf**, e.e. *"alla i ddim credu hyn".* Mae angen cyfleu *meddyliau'r cymeriad ar y pryd*, h.y. yn y presennol (teimladau, ofnau a syniadau).

Beth am ysgrifennu ymsonau ar gyfnodau gwahanol, e.e. wrth eistedd ar y trên ar ôl gadael cartref, yn y gwersyll hyfforddi, wrth aros i fynd dros y top.

Geirfa

milwr/milwyr
ffos/ffosydd
brwydr
bomiau'n ffrwydro
tanciau hyll
cyrff marw
bag tywod
iwnifform
helmed
llygod mawr
sarjant
chwain
clefyd traed y ffosydd
tir neb
weiren bigog

ANSODDEIRIAU

gwlyb
swnllyd

erchyll
ofnus
creulon
gwaedlyd

BERFENWAU

gweddïo
saethu
ymosod
dringo
hyfforddi
baglu
crynu
anafu
hiraethu
syrffedu
gweld/clywed/teimlo/arogli/blasu

Rhestr wirio

Ydw i wedi...
➤ cynllunio'r ymson yn ofalus?
➤ defnyddio'r person cyntaf
➤ cyfleu fy nheimladau ac ofnau?
➤ ysgrifennu yn y presennol (a chyfeirio at ddigwyddiadau yn y presennol a'r gorffennol)
➤ defnyddio geirfa addas gan gynnwys ansoddeiriau a berfau effeithiol?
➤ defnyddio cwestiynau rhethregol, e.e. *Pam fi? A fydda i'n goroesi?*
➤ defnyddio trosiadau, e.e. *carchar yw bywyd yma*
➤ defnyddio cyffelybiaethau, e.e. *sŵn y gynnau fel taran fyddarol*
➤ gwirio fy sillafu, atalnodi a threiglo?